REFLECTION

{不 重 要}

孤独社会

超孤独死社会：特殊清掃の現場をたどる

菅野 久美子

〔日〕

菅野 久美子

著

蓝春蕾 译

北京时代华文书局

前　言

人和遗物都被当作垃圾处理的社会

　　我感觉日本社会正一点一点地陷入一个危险的无底深渊，一不留神便无法从中逃脱。

　　特殊清扫简称"特扫"，当遗体发现不及时，腐烂的尸体对房屋造成损害，或房屋里出现杀人事件、意外死亡、自杀等情况，以致现场惨不忍睹时，他们负责将房屋恢复原貌。其中，特殊清扫员面对的绝大多数情况都是孤独死。

　　我关注特殊清扫的原因很简单，因为我无法冷眼旁观死者心中的痛苦。

　　孤独死的现场残忍到连死者家属都看不下去。大量的苍蝇环绕，蛆虫四处蠕动，肉片粘在地板上。有时现场会留下死者因过于痛苦而抓挠墙壁或地板的痕迹，还有排泄物，等等。面对如此惨状，我被吓得无法动弹。但随着取材的推进，

1

我察觉到真正的问题不在于孤独死现场猎奇怪诞的表象。

孤独死的现场铭刻着死者心中深切的痛苦。

孤独死与社交孤立问题密切相关。

据我估算，日本现在大约有 1000 万人处于孤立状态，也就是说约每十个人中就有一个，算得上是巨大的数字。孤独死是指独自一人在家悄无声息地死亡，其中大约八成的人都是生前放任家中堆满垃圾或是作息不规律，所以也被称为"慢性自杀"。他们不向社会求助，静静地从社会中淡出。

取材的过程中，我发现他们都是因为某些原因脱离社会，人生走到了死胡同，从而开始自我忽视。

有的人因为恋爱关系挣扎痛苦，有的人遭到虐待断绝亲子关系，有的人在公司遭受职场暴力备受打击，从而渐渐地远离周围的人，无可抑制地走上慢性自杀的道路。当然，人际关系良好的人群中偶尔也会出现发现遗体不及时的情况，但这种案例极为少见。

尽管现场散发的恶臭扑面而来，我还是可以从一件件遗物中描摹出死者生前的模样。

经历如此印象深刻的场面后，再回到家中或者出差地的旅馆，我就会躺在单人床上，想象他们生前的为人。虽然我才刚刚得知他们的存在，但想到他们心中的痛苦，便整晚都无法入眠。

因为，我和他们相似，也无法顺遂地融入社会，心中痛苦不已。

我从上小学时就性格内向，遭到了严重的欺凌。初中时我有两年都没去上学，成了一个"家里蹲"。当时我觉得自己的人生已经完了。在孤立无援的状态下，我好几次想到自杀，也的确打算从家里的窗户跳下去。所以，我觉得自己能活到现在，不过是运气好而已。

他们或多或少都和我一样感到痛苦，才无声无息地从这个社会上离开。我能做的事情就是将他们最真实的一面展现出来。绝大多数孤独死的人在生前都被周围居民投以异样的眼光，遭到他人的忌讳和厌恶。就算他们有家属，对方大多也不愿和他们扯上关系。

所以，他们的遗体只能由警察悄悄搬出来，遗物也几乎被当作垃圾悄无声息地处理掉，就像从未存在于这个世界上一般。

同样是单身公寓，学生喊了朋友来房间里玩闹。但就在仅仅 10 厘米外的一墙之隔，尸体滚倒在地，几个月都没有人发现，无数的蛆虫和苍蝇聚集在一起。这就是现代日本存在的问题的一个缩影。

我每天都面对着痛苦，所以我绝对无法对他们无声无息的死亡视而不见。他们就是明天的我，我就是他们的同类。

除了走进孤独死的现场，我还会和死者家属以及房东等死者周围的人谈话，试图挖掘出他们的人生轨迹。

了解他们人生中遇到的烦恼的同时，我也在回顾自己过去的创伤。

这时，和我一起进入现场的特殊清扫员鼓励了我。在死者家属都无法踏入的满是腐臭味的骇人房屋里，最后负责清理的就是特殊清扫员。能够得到他们的温暖关怀，对我来说可谓是无可替代的救赎。

脱下特殊清扫专用的服装，摘下防毒面具，他们当然也是生活在这个社会上的活生生的人。和他们在一起时，我能真切感受到他们的温情，也发现自己比想象中要安心。因此，我想记录下这些最后见证死亡的特殊清扫员的故事。

近年来，孤独死渐渐已经不是特殊的事件。

据说在日本，每年孤独死的人数大约有三万，也有从业人员表示现实中发生的孤独死数量是这个数字的好几倍。

从特殊清扫的现场能看到日本终将面对的未来。

许多特殊清扫员都有一种危机感，表示人与人之间的关系越来越疏远。他们还询问，有没有什么方法可以解决孤独死的问题。

听起来可能会感到奇怪，我觉得在本书中协助我采访的特殊清扫员都真心希望社会上没有他们这样的工作。

我的想法也是如此。

这本书的主题是彻底揭开特殊清扫的真实面目。除了聚焦特殊清扫员的生活现状和苦恼，我还会探讨生与死以及现代日本存在的孤立问题。

今后，孤独死将会成为席卷整个日本的巨大问题。特殊清扫行业就是映照出日本可怖未来的万花筒。特殊清扫员每天就像乘上时光机一样目睹着绝望乡。天天在悬崖边不断清扫的他们，就站在日本社会发展的生死关头。

没有人能摆脱死亡。

人不知道自己会在何时何地怎样死去。

但人可以提前为迎接死亡做准备。由于死别、分居、离婚等各种原因，我们总有一天会变成独自一人。到那时，我们应该怎样迎接死亡呢？ 1000 万脱离社会的日本人也绝非与我无关。

了解特殊清扫行业就相当于了解我自己和这本书读者的未来。即便有些画面令人不忍直视，我还是希望各位能继续阅读下去。

希望这本书的每一行字都可以帮助到你。

目 录

第一章
夏日异常天气引发特殊清扫行业小型泡沫

大量灌满尿液的塑料瓶

2018 年 8 月下旬某日，关东地区附近的某座城市里，电视上已经连续几日播报了高温天气的新闻，简直惹人生厌。46 岁的特殊清扫员上东丙唆祥正与堆到肩膀高的垃圾堆苦战着。

这片宁静的住宅区距离海边不远。在"凹"字形的巷子深处，坐落着一栋面积较大的独栋房屋，屋顶铺着土黄色砖瓦，一对八十多岁的老夫妻在这里安静地生活着。他们将二楼改造成六个配备门锁的单间，当作公寓出租给独居人士。

外面是万里无云的大晴天，气温超过 35 摄氏度。消防厅的数据显示，当天全日本有七百多人因中暑被紧急送往医院。

上东沿着外侧的楼梯爬上二楼，打开里侧房间的大门，一股极为浓烈的氨气味扑面而来。我也跟了上去。房间内的空气异常潮湿，光线也昏暗不已。可能因为能见度太低，里面看得不太清楚。

地板上凌乱地倒着许多四升装的特大号烧酒的塑料瓶。塑料瓶上写着酒精度数为 25 度，里面却都装满了淡黄色的液体。大部分瓶子都盖着蓝色的瓶盖，但不知为何有一些没有盖上，从中散发出令人作呕的强烈臭味。

"要不是夏天应该会好一点吧？"

"对，今年夏天特别热。"

对特殊清扫员而言，最常出现孤独死的夏天是他们最忙碌的时期。有些从业人员甚至选择连续工作整整两个月，而这段时间的收入几乎就是他们全年的收入。催生这类特殊清扫需求的，正是不断增长的孤独死人数。在我随行前往现场的 2018 年夏天，持续的异常炎热天气使得需要特殊清扫员处理的孤独死现场数量比往年激增不少。

特殊清扫员需要应对的当然不仅限于孤独死现场，还有堆满垃圾的房屋、饲养大量猫咪的房屋、火灾现场、自杀现场、杀人现场等各种情况。另外，有一定技术的从业人员还会参与火灾现场的修复工作。

孤独死与特殊清扫员有着奇妙的关联性，每年特殊清扫员的人数都随着孤独死的数量增加持续同步增长。

《每日新闻》在 2018 年 5 月 14 日就刊登过资料对此提供佐证。据超过 5000 家特殊清扫行业公司加入的团体"事件现场特殊清扫中心"的资料显示，自 2013 年实施"事件现场特殊清扫员"的民间资格认证制度以来，从业人数在五年内增长了十五倍。报道指出，特殊清扫员需求的增长显示出人们与家人、亲戚之间的关系逐渐疏远。

因此，随着孤独死人数的增加，特殊清扫行业也得到发展，引发小型泡沫，不断有新企业进入。

尽管从业人数一直增加，每家公司的日程安排还是过于紧凑。没想到，2018 年史无前例的异常炎热天气为特殊清扫行业带来了前所未有的孤独死现场处理需求。

有的从业人员在工作中也毫不停歇地低声接着电话，语气中难掩振奋之意。

"今年夏天委托我们特殊清扫孤独死现场的人比去年多了好几倍，公司里的电话就没有停过。还是因为太热了吧。"

发现有人孤独死时，周围居民会因受不了强烈的臭味慌忙叫嚷，引发混乱。公寓的管理人员和房东也担心资产贬值，就委托他们尽快消除臭味。

实际上，在我跟随取材的过程中，就多次目睹清扫员因工作太多，来不及处理新的委托，不得不推掉工作。

社交孤立的疾病正慢慢地侵蚀着日本，特殊清扫业者则像是送别每一位牺牲者的见证人。日本明显正处于向世界级孤独死大国转变的节点，不断增加的见证人也算是这个不幸时代的证人。

上东立刻意识到，塑料瓶中散发出恶臭的液体是在这个房间里过世的佐藤浩二（化名，终年65岁）的尿液。

没错，佐藤在多到数不清的塑料瓶中灌入了自己的尿液。大概有几十个，不，恐怕有几百个。臭味侵袭了房间的各个角落，氨气熏得人一时间连眼睛都睁不开，只能眯成一条缝。等稍微习惯这股臭味后，我才看得清楚周围的情况。

首先映入眼帘的便是堆积到肩膀高度的垃圾堆。垃圾聚集在中央，形成三角形的缓坡。白色和透明的便利店塑料袋堆叠了好几层，其中掩埋着的绿茶饮料瓶看起来像是洁白雪山之中的杂质。

而在这高高隆起的垃圾堆中，灌满尿液的塑料瓶歪歪斜斜地填满了每一个角落。

面前四叠半^①大小的房间铺着地板，里面是一个六叠^②

---

① 约7平方米。
② 约10平方米。

4

大小的日式房间，隔壁是浴室和卫生间。房间被大量的垃圾淹没，丝毫看不见榻榻米的影子。垃圾堆的最上面放着贴有"半价"贴纸的副食品塑料盒，保质期就在几天前，另外还有营养饮料的瓶子，等等，下面则压着几层分辨不出是什么物品的垃圾。

垃圾堆的中部几乎都是杂志。上东在清理完上层的垃圾后，我便看到中部堆着一些青年漫画杂志。另外还有被红绳捆住的女性裸体写真集以及巨乳少女张着腿被绑成 M 形的成人漫画，封面格外艳丽。稍微扫一眼，就看到很久以前的成人 DVD 碟片，身缚捆绑刑具的全裸女性用水汪汪的眼睛盯着这边。

无论孤独死的当事人是男是女，出现成人用品的情况绝不少见。这位死者的嗜好可能是性虐待一类的。上东没怎么露出惊讶的表情，手法熟练地将它们收进袋子里。

攀登这座垃圾堆的要点就是谨慎地在其中腾出下脚处。正好看到中央有一处黑色的圆形低洼，上东指着那处低洼，对唯一的员工小铃（铃木纯治）说道：

"你看，只有这里变黑变潮了对吧？说明人就是在这儿去世的。警察和急救人员到过现场，还消了毒，可能有些不容易看出来，不过这边湿的地方就是体液。"

就在房间的正中央，黑得吓人的液体浸湿了垃圾，扩散到四周大约两米的位置。周围的杂志和塑料都因浸满了墨一般黑的液体而变了颜色，只有那附近被压平了。

佐藤正是在这里去世的。

上东反复将簸箕直接插进垃圾堆中再掏出来，把被体液浸湿的杂志收集在一起。这时，杂志的下面出现了一台生锈的电风扇。电风扇看起来有好几年没有用过。也许因为房主常年压在上面，有两处支架被压折了。

上东用簸箕收集起来的都是一些漆黑而浑浊的物品，上面沾满了黏稠的体液。一股与氨气味不一样的臭味从肮脏的纸片和碎布上扑鼻而来。那股臭味有点甜腻，又像油一样。没错，这就是人的体液浸润后的臭味。

过了很久以后，我才发现黑色的液体已经穿透两米多深的垃圾堆下层，渗到榻榻米的底部。

佐藤去世的地点应该是在垃圾堆的顶部。能看到一个黑色的弓形物体插在那里，似乎昭示着什么。

定睛一看，那是一个带壶嘴的水桶，水桶的边沿附着密密麻麻的棕色尿结石。上东一握住把手，里面的液体便晃得上下起伏。里面大约装到八成满，却没有洒出来。液体浑浊而黏稠，散发出强烈的氨气味。

看来佐藤是向自己床边的水桶里排泄尿液，再转移到烧酒的塑料瓶里的。也不知道这里积攒了他多少天的尿液。水桶附近飘浮着的剧烈氨气味使人不禁要呕吐出来。

进入房间才二十分钟，只觉得两居室的公寓犹如亚马孙湿地一般。整个房间充满热气，紧紧粘在皮肤上，逼得手臂的毛孔不断渗出汗水。即便上东在头上包着白色的毛巾，也不禁汗如雨下。

精神疾病患者的厨房先变脏，心血管病患者的起居室先变脏

环顾四周，我发现房间里没有空调。

听上东说，这间房的租客佐藤好像原本就患有糖尿病，65岁时因心脏病发作而死亡。毕竟糖尿病经常伴随着心脏病出现。上东用衣服擦着冒出的汗水，低声说道：

"不管有什么老毛病，他的死因都和天热有关。天气热成这样，连垃圾都冒着热气。看温度计就知道，这间房间到了晚上肯定也热得不行，幸好没引发火灾。房间能反映人的一切。大多数患有心血管病的人的起居室会先开始变脏。起居室就像心脏一样，连接着所有的房间。而如果患有精神疾病，厨房和水槽就会变脏。"

我一时语塞，盯着圆形的低洼看。

连日播报高温警报的炎热天气里，佐藤倒在环绕着自己

尿臊味的垃圾堆中，也没有开空调，任由日子一天天过去。

上东汗如雨下，他注意到日式房间墙边有一个五六层的木制橱柜。橱柜看起来已经用了几十年，下半部分也埋在刚才那些垃圾之中。

上东靠近橱柜，将上半部分里放的东西一一取出。直到这时，我才知道佐藤的名字。破旧的皮革卡包里，放着他工作时用的名牌。接着翻出一张破破烂烂的公寓租赁合同，看起来他从几十年前起就一直续约住在这里。不知道他的父母和孩子怎么样了。橱柜里没有钱包，可能警察已经给死者家属了。

存折里几乎没有余额，而这些证件应该要还给死者家属吧。

绝大多数孤独死的死者家属都会索要与金钱相关的物品，比如保险单、现金、存折、租赁合同、房产证或土地证等，毕竟死者与死者家属早就断了联系。要是有与死者关系亲密的人，也会索要照片或者信件等有纪念意义的物品。但孤独死的死者极少有关系亲密的人。

而且，像现在这种情况，房间已处于脏污状态有一段时间了，遗物全沾染上了臭味。从现实角度来说，绝大多数遗物只能当作垃圾来处理。

整理完文件后，上东和小铃开始收拾房间。他们将装满尿液的塑料瓶瓶盖全都打开，直接拿到厨房咕嘟咕嘟地倒进水槽里。

周围充满浓烈的尿臊味和热气。氨气不仅臭味浓郁，人走近后，眼睛还会有种刺痛感。平常用于做饭的料理台上现在全都是排泄物。

上东打开房门，面前的马桶看起来有好几年甚至可能几十年都没有打扫过，每一处都发黑。佐藤应该是在马桶堵住无法使用后，开始在塑料瓶里囤积自己的尿液。正在收拾日式房间的小铃就像在垃圾山里寻宝一样，从中抽出一个个充满金黄色液体的塑料瓶，传递给上东。上东有时也被这臭味熏得受不了，但还是一个接着一个将液体倒入水槽。塑料瓶的数量足足超过 100 个。

上东透过防护面具对小铃说道：

"我感觉小便的臭味已经沾到我身上了，也不知道他大便的时候怎么办。"

"我猜是去那边的便利店吧。"

的确，虽然到处都是装满死者尿液的塑料瓶，但不知为何，没有看到他的粪便。

上东等人收拾出来的垃圾共有 500 袋左右。载重为两吨的卡车刚好就停靠在公寓旁，他们便从二楼瞄准卡车的车厢将垃圾袋扔下去。光扔这些垃圾袋，就花了近两个小时时间，将车厢装得满满的。两名男子在将近 40 摄氏度的酷暑天气里，身处尿液与体液混杂的恶臭之中，默默地将房间里的垃圾收拾干净。这幅场景几乎可以称得上是现代日本的战场。

相处 34 年的房东

大致收拾完以后，我拜访了住在一楼的房东夫妇。按响门铃后，我见到了他们。夫妻俩弓着腰身，头发已经花白。我在门口和他们寒暄了几句。老爷子不仅腰弯了，步伐也不太稳当，不过口齿还算清晰。

"没想到佐藤会中暑而死。这么热的天也不开窗户，就一直住在垃圾堆里。"

藤本孝则（化名）谈起房客直呼其名，就像在说自己以前的同学。

"佐藤这个人不善言辞，算不上外向。所以他也从来没交到过女朋友，一直都是单身。我有事上二楼不是要爬楼梯嘛，这个时候他就会砰的一声把门关上。他从来不会开门，也不愿意让人看到房间里的样子。现在想来，可能是不想让人知道他房间里都是垃圾。"

话说回来，为什么他会住在这栋单身公寓呢？藤本认真回忆了一下，和我谈起佐藤的过去。

佐藤出生于三重县。他从学校毕业后前往东京，在这间公寓附近的餐厅当服务生，算是正式员工。但后来好像发生了一些事情，他在约40岁时被解雇。之后二十多年，他便断断续续地在本地的餐饮店工作。

佐藤最后的工作地点是附近的生鲜食品批发公司。那天他没有上班，店长担心他，便来到了公寓。他的手机无人接听，店长便让房东打开门看看，藤本就拿着钥匙上了二楼。他们二人踏进房间时非常震惊，面前的垃圾堆几乎让人无法通行。

"我也想过佐藤的房间可能不太干净，说不定又脏又乱，但没想过里面会堆满垃圾。我打开门以后，垃圾就立刻滚落下来。看来之前一直是门堵着垃圾，毕竟门口的垃圾就堆了一米多高。靠门的四叠半的房间里的垃圾堆到大约两米高，都快到门框了，所以我们也进不去里面的房间。估计他也只能在垃圾山上匍匐前进，连睡的地方都没有。他每天睡觉的地方应该就是垃圾山的正中央，那边像一个碗一样，他可能就一直蜷缩在那里。"

店长发现了已经变冷的尸体，便慌张地打了119①。警察到达后简单询问情况，便开始调查现场。遗体已经被装进裹

---

① 日本的急救电话是119。

尸袋运了出去，藤本和他的妻子都没有看到。

起因是强制垃圾分类？

谈到佐藤的房间为什么会堆满垃圾，藤本稍微有点头绪。

"他四五年前还会正常扔垃圾。现在各地不都要求垃圾分类嘛，但他扔的垃圾从不分类，垃圾车也不收，都是我打开垃圾袋分类的。我和佐藤说过好几次他的垃圾别人不收，是我帮他分的，还让他分类以后再扔。可能从那以后他就不扔垃圾了吧。"

起因是他不会垃圾分类吗？

藤本常年因为佐藤的垃圾处理问题头疼不已。他的妻子对臭味很敏感，每次走到房间后门都能闻到窗户缝隙中散发出来的刺鼻臭味。他的妻子便经常要求他提醒佐藤注意卫生。

"妻子和我说过之后，我有时也会让佐藤打扫一下卫生。后来，他就会把垃圾袋放在阳台窗户外面凸出来的地方。经常风一吹，垃圾袋就掉下来，刮到邻居那边还会有人投诉，这些我跟他都谈过。他每次都道歉说自己知道错了，但从来没有改正。"

佐藤每个月都会亲手交付 65000 日元的房租，34 年来从未拖欠过，所以藤本也不好说得太强硬。我在写上一本书的时候就发现，尽管大多数孤独死的人不擅长与人打交道，可他们在支付房租等方面做得都很好。佐藤也符合这一特征。

"说是个服务生，但估计他不太擅长接待客人吧，看起来就不太会处理人际关系。但这人也算不上特别不好，我认识几个去过他工作的餐厅的人，听说他工作还挺认真的。"

几年前，佐藤的房间还没有堆满垃圾的时候，藤本偶然从浴室的小窗窥见了里面的情景，只见浴缸里漂着花花绿绿的塑料儿童玩具船。他清楚地记得自己觉得佐藤的爱好有些奇怪，也是从那时起察觉到佐藤的不对劲。

他为佐藤有如此幼稚的爱好而吃惊，眼前也浮现出佐藤高兴地眯着眼睛盯着那些小船时的画面。

但浴缸也渐渐被垃圾填满了。

一年前，佐藤被人发现倒在路边。我只听上东说佐藤的大脑里查出肿瘤，可能是糖尿病之类引起的。详细询问后，得知藤本对佐藤之死百感交集，他原本还担心要是自己夫妻俩都去世了，佐藤还想继续住在这栋楼里应该怎么办。听到佐藤的死讯，他确实也松了一口气。"佐藤还是不太擅长和人打交道，也不太容易融入社会吧。他在附近的餐厅工作时，店里也有年轻的女性员工。要是他工作时就成家了，他的人生也会改变吧。"

住在公寓的三十几年里，佐藤的房间逐渐被垃圾所填满。

藤本想起，佐藤无论冬夏，都会用放在房间外的洗衣机专用水管里的水冲澡。估计那时浴室已经不能用了。

上东说他从事特殊清扫工作期间清理过几十间这类堆满垃圾的房屋，其中绝大多数住户都是孤独死。近年来，"垃圾屋"已成为一个社会问题。2016 年 5 月，千叶县西北部一间独栋房屋中，一名腿脚已经坏死的老年女性在濒死状态下被救出。

政府也因此积极采取应对措施。

东京足立区制定了《保障足立区生活环境的相关条例》，也就是"足立区模式"，即设立专属部门为居民提供指导和建议。此外，如果房东没有支付能力，区政府将承担垃圾清理费用，最高可达 100 万日元。足立区模式备受关注，全国各地都有考察团前来访问。

这种通过囤积垃圾、饮食不规律、拒绝就医等方式放任自己健康状况恶化的行为叫作自我忽视。据日生基础研究所统计，80% 的孤独死案例都是由于自我忽视造成的。

不过，足立区模式的大前提是附近居民主动寻求帮助和告知信息。但在现实生活中，租赁的公寓里就算出现"垃圾屋"也很难被人发现。毕竟只要关上门，就没有人知道屋里是什么情况。

因此，自我忽视不仅发生在老年人身上，反而是佐藤这样 65 岁以下的群体更难享受到政府福利。他们不像老年人，没有监护人，也不领取养老金，很容易被遗漏。

囤积尿液、将垃圾堆成山的行为可能看起来非同寻常，但上东说这类情形在孤独死的男性中并不少见。身体状况持续恶化后，他们就逐渐变得不想倒垃圾，也懒得如厕，自然就会将排泄物装进附近的容器中。这种行为持续几十年之后，便会陷入自我忽视的状态。

任何人都有可能因为微小的事件开始自我忽视。离婚或丧偶以后，人会因为悲伤或者生活发生改变而闭门不出，生活变得一团糟，从而陷入自我忽视的状态。

也有人因职场暴力患上抑郁症，不知不觉中家里就堆满了垃圾。有从业人员断言，孤独死基本上都是由于自我忽视造成的。所以佐藤家这样堆满垃圾的房屋绝非个例，反而是孤独死的典型案例。

走近特殊清扫员上东

在此，我想介绍一下允许我一同前往现场取材的上东。

上东除了提供特殊清扫服务以外，还帮助客户安排后事和处理遗物。委托人大多居住在像佐藤的房间那样堆满垃圾的房屋里，他们家里的垃圾堆得太多自己没法收拾，只好委托专业人士帮忙。上东常年都在和这类垃圾屋的居民打交道。

屋主也不全是佐藤这样的单身人士。

居住在神奈川县猛犸小区的一名七十多岁的女性，没有子女，与她共同生活多年的丈夫也在三年前去世。丈夫离世后，妻子便孤身一人生活着。

"我活着也没什么意思，什么时候死都无所谓。"

这名满头白发、个子不高的女性满脸痛苦地对上东说道。丈夫去世后，她这些年没有和任何人说过话。最后一次与人交流还是几个月前她在医院里听到自己名字的时候。她想在自己死前清理一下被垃圾淹没的房间。

每天洗毛巾的时候，她都会和毛巾对话："今天也要把你洗得干干净净的。"

上东安慰她："这些年你一个人辛苦了。"她听到便哭了出来，眼泪扑簌簌地往下掉，一直停不下来。正好当时电视台需要采访，上东便建议她："既然时日无多，要不要上一次电视看看？"听到此事，她便立刻开始化妆。节目播出后的第二天，这位女性联系上东，表示要取消安排后事的委托。

"她说邻居们上门表示大家都要来帮她收拾房间，还问她为什么之前不和他们说，要是说了大家都会关心她的。真没想到我会丢了那份工作。"上东的苦笑中带有一丝喜悦。

猛犸小区的社区组织

上东和这名老年女性都在住宅区长大，这里依然留存着如今已逐渐消亡的地方社区组织。

上东出生在埼玉县东所泽。父亲以前是自卫队队员，退役后在传送带维修公司工作。母亲是一名美容师，工作非常忙碌。身为前自卫队队员的父亲管教严格，上东便更亲近祖母一些。

他的祖母居住在附近的狭山市，那里在昭和末年①之前是一个自然风光优美的地方。上东很喜欢去祖母家玩耍，他抓来棒络新妇②看它们吐丝，也砍倒树木在山里玩探险游戏，广阔的大自然就是他的学校。钻进山里，人类社会的时钟就消失了，只能感受到大自然中的时间流逝。太阳升起时进山，太阳落山时回家。少年时期的他就是这么热爱如此朴素的生活。

上小学的时候，他搬到了方便上学的住宅区。尽管距离祖母住的狭山变远了，但他在住宅区里的生活每天都充满了新鲜感。

---

① 昭和是日本年号，昭和末年指 1926—1989 年。

② 一种蜘蛛。

"那个时候没有搬家公司，要是有人搬进小区，大家都会去帮忙。电器店的卡车开过来的时候，车上不仅有屋主买的家用电器，家具也会一起运过来。这时大家就会一起把它们搬上三楼或者四楼。在那个年代，新邻居搬来了，大家都会去帮忙。"

居民互相借点酱油之类的调料都很正常，住宅区便形成了社区组织。

上东在学校里也听人悄悄议论过，说住在住宅区的人都是穷人。可他觉得自己一日三餐都能吃饱，没感觉有什么约束，也每天泡澡，不知道怎么就变成穷人了。家里在金钱方面可能确实不太充裕，但也没太艰苦。更何况，住宅区的孩子非常团结，不会感到孤单。要是一个住宅区的孩子被欺负了，大家都会飞奔过去帮忙。

"家长训斥孩子的时候楼下的人就能听到，要是骂得太厉害，大人也会去关心一下情况。第二天就会有人来问孩子为什么被骂得那么狠，还会给些小零食安慰一下。"

去朋友家玩的时候，可以随便打开冰箱吃里面的冷饮，这种事在住宅区里很常见。有时大家还会一起去抓萤火虫回来，在黑漆漆的房间里一起欣赏，看到面前的萤火虫逐个绽放光亮的时候高兴地笑闹着。住宅区前有一家巨大的养猪场，有些孩子在那里给父母帮忙，其中自然有一些人因为碰到压力机或者被猪咬到而失去手掌或手指。

人的死亡离他很近。住宅区附近有一条宽阔的河流，不时有小孩子在里面溺亡。生与死不过是上东日常生活中的一部分。

所以，在他看来，铃声控制下的学校简直就像监狱。

"上小学的时候，我是个异类，不知道上学的意义是什么。我经常逃课，母亲也被叫到学校过。"

上东至今还清晰地记得住宅区的纳凉活动和运动会，人与人自然而然地就维系在一起。经历如此快乐的童年时光之后，上东在 30 岁时步入了废品回收行业。

他与在所泽市经营小酒馆的内村武彦以及小铃一起出钱，三个人在西东京市开设了事务所。

然而，半年以后，内村查出了肺癌。

当时肺癌的抗癌药价格极高，一粒就将近 3 万日元。而如果入住恒压恒温的最高级疗养设施，据说一个月就要花费 300 万日元。

"当时我就想，到最后能救人命的只有钱。没有什么是钱买不到的，我便转而开始考虑如何多赚钱。"

后来，他们把总部转移到横滨市，正式踏足废品回收行业。上东从事的废品回收工作说白了就是宰客。用卡车回收完废品，转头就问对方要 100 万日元。价格那么高，自然会引发纠纷。但为了救内村，也没有别的办法。最后，内村一边不停地服用止疼片，一边坚持工作到临终一刻。上东深切地感受到，没有钱就保不住性命。内村死后，他哭了三天三夜，但依然无法从痛苦中走出来。十年前，他觉得快坚持不下去的时候，有熟人推荐他去从事遗物处理的工作，他便就此转行。

内心的痛苦：社长上东篇

遗物处理行业的人员经常也从事特殊清扫的工作，毕竟只有将堆满垃圾的房屋清扫干净才能处理遗物。上东在处理遗物的过程中，接手的需要特殊清扫的孤独死现场越来越多，便正式转行进入特殊清扫行业。

转至遗物处理及特殊清扫行业后，上东的公司成了日本第一家遗物处理连锁企业，立刻吸引到媒体的关注，公司不用宰客也能正常运转了。

上东开始频繁地出现在电视上。特殊清扫以及在堆满垃圾的房屋处理遗物的经历令他感觉到，有那么多人忍受着孤独和痛苦，在清理房屋之前各有难处。但媒体只关心他怎样高效地处理垃圾和遗物，他心中真正想诉说的话却无人理睬。他无法通过媒体倾诉心声，内心在困境中日渐疲惫。

每天早上起床的时候怎么也起不来，只想躺在地板上，勉强靠着激励自己才有动力去上班。这令他痛苦不已。

"那个时候我内心已经崩溃了，连坐电车都会感到害怕，只好步行一个小时去公司。坐在电车上的时候，我似乎能够看透别人的内心，能感觉到别人的痛苦，知道有的人不愿意去公司。后来我去看精神科，医生和我说了大概七个病例。当时我走在路上也无法控制排泄欲，还会去卫生间大吐一场，估计是自主神经系统功能失调了。"

巨大的压力导致上东开始脱发，但媒体还是追着他不放，甚至表示准备了假发让上东参加录制。上东痛苦不堪，他想逃离这一切，便钻进了静冈县的山里，希望找回过去的自己。他从埋在垃圾堆中死去的佐藤身上看到了自己的影子。

"我非常能理解那些内心痛苦的人。孤独死的人本质上应该都是善良的，他们绝对无法欺骗别人，同时也无法对自己撒谎，所以才如此痛苦。烦恼使他们压力倍增，因为他们不知道自己做的事情是否正确，才心怀愧疚，一切都源于他们不会耍小聪明。他们不擅长为人处世却待人真诚，同时也希望诚实地面对自己。可是人有时必须向社会妥协，向他人低头，内心的矛盾使他们无法原谅自己。"

上东觉得佐藤也是这样的人。

上东从山里出来以后，不再像以前那样玩命工作，也不再在媒体面前表演着他们希望看到的遗物处理行业状态。

现在，他认真对待每一个遗物处理和特殊清扫现场，将自己当作死者家属的一员潜心工作，所以他在工作场合对死者家属说话时也不使用敬语。要真正了解他们想丢弃什么，想留下什么，就要打破毫无意义的屏障。

自从选择如此质朴的生活方式后，上东发现生活轻松很多。从金钱的角度来看，一边和死者家属交谈，一边处理遗物，效率低下，也需要花费更多时间。但审视自己出生长大的住宅区里的社区关系之后，他明白了什么才是真正重要的。

"世界上有许多人追求奢华的生活，他们渴望成功，渴望金钱。不追名逐利的人则被贴上异类的标签，在他人眼中我也是这种人。可有些人会因此无法认同自己。我觉得佐藤在公司里一定很煎熬，你看他在家里堆满垃圾，毫不遵守规则，彻底放纵自己。"

我回想起那个房间里的情景，肯定地点了点头。

"另外，在公司里拼命迎合他人也很痛苦。要是能彻底放弃迎合社会，说不定能活得更自在一些。但无论是佐藤还是我，都处于这两种状态的边界。"

上东很幸运地在住宅区的朋友那里感受过和睦的人际关系，因此可以从中摆脱出来。然而也有人无法很好地处理人际关系。上东因为自己的人生经历能够深切理解他人的痛苦，才形成了有同理心又温柔的性格，所以他才能从事特殊清扫行业吧。

"从事特殊清扫最痛苦的就是能够看透他人的内心，每一个塑料瓶都诉说着他的痛苦。"

上东说完，无声地笑了笑。

"被褥、右、下、旁边"的暗号之谜

孤独死的数量在梅雨季过后急速增加，到暑气褪去后的九月左右回归稳定。原因在于夏天遗体腐烂的速度较快，相对来说会有更多周围的居民告知相关信息。

上东也和其他特殊清扫业者一样，夏天要同时处理多个孤独死现场。某日，上东的目的地是与佐藤家同县的一栋公寓，居民高桥诚也（化名，终年 77 岁）死亡一天后被房产公司发现。

清理佐藤的公寓需要花费一周的时间，高桥的公寓则完全相反。这栋铁路旁边的古旧公寓已建成近五十年，电车开过的时候都会有些晃动。高桥每天都能听到这个声音吧。

"他应该头靠墙那边，脚朝这边。要是他吐血厉害，或者尸体放的时间久了，头发应该会湿漉漉地粘在这里，不过这个人死亡时很整洁。"

上东立刻推测道。

高桥就死在这个六叠①大小的房间里侧。

榻榻米上盖着约三块毛巾。上东卷起毛巾，只见榻榻米上留下了土俑一样凹凸不平的人形黑色体液。神奇的是，我完全闻不到臭味。

日历停留在高桥死亡的那一天。

桌上放着闹钟和三本估计他经常阅读的《圣经》。上东从不到一平方米大的橱柜里拿出大约十个装着十日元硬币的果酱瓶。"估计高桥想把它们捐给教会吧。"上东说道。这应该是他凭借多年来积累的经验猜到的。

上东向我展示从橱柜里拿出来的一沓捆起来的信。一名女性民生委员写道："您最近身体如何？我还会给您打电话的。"

"圣诞节快乐！祝您身体健康！"

这沓花花绿绿的手写圣诞贺卡都是当地社会福祉协议会每年寄来的，高桥都小心保存着。其他还有市里发下来的紧急联络卡以及亲朋好友的贺年卡。

最下面有序地摆放着他以前工作的钢铁加工厂颁发的全勤奖、长期服务奖和感谢信等奖状。

打开房间里近两平方米大的橱柜，只见里面的被褥和内

---

① 近 10 平方米。

衣等衣物都叠得整整齐齐。下层放着五个用胶带封住的小瓶子，上面用黑色马克笔写着暗号一样的字眼："被褥、右、下、旁边""从右、竖"。

"这是什么？"

"现在看来，应该是给我的指示吧。"

上东按照指示把手伸进被褥里摸索，发现了被褥右下方的纸箱，里面放着余额约为 500 万日元的存折和印章。高桥把贵重物品的位置写下来，就是为了让自己不要忘记。

暗号记录的不仅是存折的位置，上东还发现了一个 A4 纸大小的棕色信封。只见里面放着十几张保存状态良好的杂志内页，看起来是从一本名为《难得一见的大师级禁忌无码裸照》的杂志上剪下来的。高桥可能有时也会打开信封欣赏一下早年的女模特，享受仅属于自己的时光吧。

地板上没有一丝垃圾的痕迹。浴室里放着天蓝色的浴缸，粉色的地砖有些地方已经脱落了，但每个角落都打扫得干干净净。

高桥与佐藤完全相反，过着清贫朴素的生活。

无法如沉睡般死去

等所有家当都运走后，上东从头部套上透明的防护服，覆盖住全身。

接下来就是特殊清扫的工作。特殊清扫员最害怕的就是传染病，毕竟他们不知道死者的死因，所以上东也尽量请求死者家属提供明确记载死因的验尸报告。根据上面所写，高桥的死因是心肌梗死，不用担心传染病风险。即便如此，特殊清扫员还是必须穿着防护服。

首先在高桥死亡后污染的地方洒上特殊的药剂，等药剂完全浸透毛巾，污渍便浮现上来。药剂里含有氯元素，整个房间便立刻飘散出一股游泳池消毒水的气味。

又过了一会儿，上东用刷球一样的东西在上面摩擦起来。

掀起榻榻米，幸好下面还没有被体液污染。不过为了以防万一，下层的地板也需要用消毒剂擦拭干净。

"他是在榻榻米上去世的吧。"

"高桥这种情况很少见，大部分孤独死的人都会死在从床到大门的路径上。有的人因为身体不舒服想求救，有的人试图出门，还有的人想去厕所吐出来结果半途就倒下了。许多孤独死的人给人的感觉都是在痛苦中求生不得而死去，高桥则没有。"

等特殊清扫的工作结束，家里的物品也清理一空时，一名房产公司的男性员工前来查看。他的眼神扫遍了房间的各个角落，口中还念叨着："没办法，人总会死在家里的。"在任何人的眼中，高桥的一生都是那么循规蹈矩。就算最后因孤独死而去世，这种死法也不会遭到指责。

"他这种死法也不坏，不是有很多年轻人也选择静悄悄地在家里死去吗？"

高桥就这样静静地躺在榻榻米上咽气，没有一丝痛苦，也几乎没有散发出任何臭味。

我问房产公司的男性员工他们要不要招募新的住户，他又是摆手又是摇头，连声否决。

"这栋建筑有些年头了，房东不想招新人，他打算等现在的住户搬走后重建吧。毕竟公寓离车站又近，地理条件很好。"

我禁不住将眼前的房间和佐藤住的公寓对比起来。

高桥一直工作到退休，深受他人的敬爱。从他的贺年卡等遗物中可以看出，他退休后也在当地居民中维持着良好的人际关系。

相反，佐藤与这类人毫无共通点，他的人生在各个方面都更坎坷。

人怎样度过一生，竟会如此真实地投射在他的房屋里。我这才察觉，同样是死亡，差别居然如此之大。佐藤死时65岁，高桥死时77岁。他们同样在酷暑时节去世，同样在死后一天被发现。

他们过着完全不同的人生，死亡情况也截然相反。高桥直到最后一刻也没有给任何人带来麻烦，没有遭到厌弃。他的生活虽然朴素，但还是给家属留下了丰厚的遗产。

然而，不是所有人的人生都能像高桥一样一帆风顺。在佐藤身上窥见痛苦的我，可能也开始在他身上寻找我与他的共通点。

僧人也无法回答

高桥的公寓的清扫工作在第二天白天就已经结束，而佐藤的公寓的清扫工作任重而道远。在上东等专业人士的处理下，卡车的车厢立刻被装满垃圾的全市专用塑料袋填满。等能够看到榻榻米的表面时，上东等人已经花费了一周的时间。

垃圾全部清除后，房间里侧原本只能看到顶部的衣柜终于能打开了。上东从里面拿出几件西装，上面套着印有干洗店标志的塑料袋。他默默地将它们塞进垃圾袋。

"他也穿过西装吧。"

上东突然低声说了这么一句话，可能因为佐藤以前当过服务生吧。墙上的日历旁边装饰着一张纸条，上面用毛笔写着：温和待人。在此之前，它们一直埋在垃圾堆里，未曾见过天日。小铃将积满尘埃的西装装进垃圾袋，上东撕下了日历。

清扫工作进入尾声，上东将消毒剂洒在毛巾上，铺在有污渍的地方，静置一段时间后揭开，再用刷球在榻榻米上来回摩擦。接着，他掀开五张榻榻米，露出下面的地板，只见佐藤咽气的地方隐约留下了漆黑的轮廓。上东在那里同样洒上消毒剂，细心地消毒处理。

最后，他从天花板上拆下几乎被灰尘压垮的灯，清扫工作便结束了。

这一天，房东也请了僧人净化公寓，听说是上东提议的。房东藤本承担这部分费用，他还打算凑钱为佐藤举办告别会。

空荡荡的房间依然留有一丝垃圾的臭味。其实也不是不能完全除去臭味，不过房东不打算招募新的租客，就这样交给房东也比较划算。

于是，上东、小铃、僧人林数马、一名年轻的女性遗产顾问和我聚集在这个已经没有主人的房间里。

遗产顾问会替代事务繁忙或者住得较远的死者家属出面，处理退休金手续、遗产继承等死者的各项身后事宜。

近年来，"无缘社会"这个词频繁出现，替代客户处理繁杂后事的代理行业迅速发展起来。

藤本身穿蓝色的 T 恤衫，脚上趿拉着拖鞋，拖着右腿，从一楼自己的房间慢悠悠地沿着公寓楼梯爬上来。

藤本看起来有几分失落，他翻来覆去地小声低语着，真想不到佐藤的房间会变成那样。

"要是我对佐藤再强硬一点就好了。"

仔细一想，包括我在内，在场的人之中除了藤本，没有人认识生前的佐藤。只有藤本一个人，看向佐藤咽气时身下那块漆黑的地板，眼眶里稍微有些湿润。他心里的感情应该很复杂吧。

"佐藤先生今年多少岁？"

身披袈裟的林僧人确认着死亡地点和死者姓名。

"之前说叫田中吧？是佐藤吗？"

可笑的是，不仅是僧人，在场的人都不是死者的亲人。那名女性遗产顾问便立刻取出资料。

"佐藤浩二，昭和二十八年①出生。"

"65岁，还很年轻啊。"

佐藤咽气时正对着的方向摆着一个黑色的简易香案。上面点着蜡烛，四周飘散出有些刺鼻的线香气味，简单的净化仪式便开始了。藤本拖着右腿，直直地盯着佐藤咽气的地方，站在那里不动。直到林僧人出言催促，才紧紧地双手合十，为佐藤烧香。

诵经的过程中，防灾无线广播里不时大声地传出《晚霞

---

① 即1953年。

渐淡》①的旋律。

配上林僧人的声音，这首歌变得像摇篮曲一般，竟营造出一种和谐的氛围。

林僧人开始在众人面前发表悼词。

"堆积如山的垃圾中，他的生命走向了终结。但这个时代里，类似的事情已经在日本的各个角落发生。发现这件事的藤本先生、负责清理的人、见证这件事的人，希望将这件事告诉大众，大家都因为和佐藤先生有缘才聚集在这里。他就这样死去，我只能通过推测来判断他是怎样的人。我没有见过他生前的样貌，没有和生前的他接触过，但能够感知到他。"

林僧人说，他也见过几位在堆满垃圾的房屋去世的人。第一次碰到的是一位三十多岁的男性，他胖得身体几乎不能动弹，腰都被埋在垃圾堆里，似乎靠取物夹拿取物品。

"我一直在想，如果我在他生前就认识他，我会怎么做呢？或许我会劝说他收拾房间，但一想到我说了他也会拒绝我，可能就难以开口。面对封闭自我的人，应该怎样做才能打开他们的心扉呢？我应该做什么才对呢？"

林僧人也没有找到答案。

所有仪式结束后，众人聚在院子里。藤本抬头看着天空

---

① 日本 20 世纪初期创作的一首经典抒情歌曲。

说道：

"佐藤可能还是想回老家吧，他死前三个月的时候回了一趟三重县，估计就是在考虑这些事。"

我隐约感觉到，同一屋檐下最熟悉佐藤的人就是房东藤本。

"房东，你一直很关心佐藤的。"

上东如此安慰道。藤本似乎被勾起了回忆，接着说了下去：

"是啊，从他三十多岁起到现在34年了，真的发生了太多事情。他最后还是走到了这一步，看他这么辛苦，最后有僧人来送他，他应该挺高兴的吧。他决定租我的房子，不仅因为离工作的地方近，也因为离海近，说是自己老家就在海边。我经常问他要不要搬到其他地方，他却说自己喜欢这里。"

对藤本而言，不知从何时开始，比他小20岁的佐藤已经不仅仅是他的租客。随着岁月的流逝，藤本也在不知不觉中变老。

佐藤无处可去，就算房间里堆满垃圾，这里也是他最后安息的地方。到头来，我们只能猜测死者真正的想法。

藤本似乎失去了力气，仰头看向天空。上东低声说道：

"佐藤的房间里还有他的服务生制服呢。"

这时，我感觉到一阵潮水的气味忽然飘了过来。我差点忘记，这栋公寓离海很近，步行几百米就能到海边。

佐藤可能偶尔也会从堆满垃圾的房间里出来,去海里游泳,这或许是他唯一能将现实抛在脑后的安稳时光吧。

众人谈论着缺席的主角佐藤,时间就这么静静地流逝。佐藤每天也能闻到这股海水的气味吧,这可能同样是他多年来极为熟悉的故乡的气味。我们未曾谋面,我却在这里想象着佐藤的为人,缅怀着他的一生,总感觉非常不可思议。

藤本说等他们去世后,就打算找人把这栋房子拆了,家属也不用花钱改装。而藤本和佐藤之间不仅限于房东与租户的特殊关系也暂时画上了休止符。

"佐藤,可能你觉得活在这个世界上很痛苦。要是有来生,希望你能和我一起帮别人处理遗物。"

上东在心里默默说道。上东用钥匙锁上空荡荡的房间,再交还给藤本。太阳已经落下,放学路上的小学生们喧闹着跑进巷子里。夕阳的余晖将人映照得通红,给孩子们留下比他们高大的影子。

上东漫长而短暂的夏天就要结束了。

第二章

精疲力尽后的自我忽视

20 年后再见兄长已然陌生

很多孤独死的人都心怀痛苦，他们在人生中遭遇挫折后便一蹶不振。

特殊清扫员有时便能从现场留下的遗物中知晓逝者曾受的挫折，明白死者感受过的痛苦。而这些痛苦常常触动着他们的心弦，让他们为之动容不已。

2018 年 4 月上旬，樱花盛开的季节，加藤裕子（化名，时年 50 岁）打算去见一见自己住在关东某地的哥哥吉川大介（化名，时年 55 岁）。二人自参加住在老家鹿儿岛的姐姐的结婚典礼之后，已经有 20 年没有见过面，仅仅隔几个月打一次电话而已。

哥哥似乎忙于工作，裕子每次因为旅游等原因去关东的时候，都犹豫过要不要直接去见他。她知道哥哥从鹿儿岛的国立大学毕业后，就在东京的上市公司工作。她一直觉得哥哥工作繁忙，贸然联系他不太好。

大介一直是让裕子骄傲的哥哥。他从小时候起就身材高挑，英语说得也好，极受女同学的欢迎。大学时在当地的补习班打工当讲师时，哥哥说他教的中学生都很喜欢自己，和哥哥同属于一个大学社团的同学也跟裕子说她哥哥很温柔。每次裕子听到这些，都会高兴得绽放出笑容。

可她结婚以后，二人各自忙于生计，不知不觉间，20年就过去了。

"时间过得太快，也不知道哥哥怎么样了。"

裕子离开老家鹿儿岛，在兵库县结婚，生下一个儿子。她现在在一家企业的员工食堂当全职厨师，每天忙于工作和家务。

等到了50岁，独生子长大成人，她也终于空闲下来。

正巧住在东京的鹿儿岛老同学邀请她一起赏花。

她觉得哥哥和自己都上了年纪，他一个人住也不知道方不方便，不如趁此机会见个面看看他，便打通了哥哥的手机。

"最近我要去东京见老家的同学，正好我们也很久没见面了，这次一定要见见。"

"是挺久了，那就见个面吧。"

大介欣然答应，裕子颇为喜悦。

他们约好赏花之前在东京站的检票口见面。

可到了约好的时间，裕子四处都没发现疑似是哥哥的人。

"没记错见面的地点吧？你在哪里呢，我没看到啊？"

裕子在人群中单手拿着手机四处张望，还是没有看到哥哥的身影。检票口外，一名初现老态、头发花白的男子单手持手机环顾四周，一边说着："我在这里。"裕子看到他了，但一直以为是个不认识的老爷爷，没想到他就是自己的哥哥。

哥哥的外貌和 20 年前完全不同，看起来远比他实际年龄要老得多。身材有些发福，步伐不太稳，走起来有点困难。裕子看他变化那么大，十分震惊，强忍住情不自禁涌上来的眼泪。

哥哥这 20 年来遭遇了什么事？

她心中禁不住发出疑问，但表面上依然装得很平静，丝毫不流露出一丝情绪。

"其实，因为一些原因，我最近 15 年都没有工作。"哥哥小声开口道。

听闻哥哥的话，裕子愕然不已。

哥哥似乎完全没有察觉到裕子心中的慌乱，怀念地笑道："我们都老了啊。"定睛一看，哥哥的牙齿已经全没了。

然而，从他的声音和羞涩的笑容中，裕子隐约能寻到哥哥以前的模样。哥哥还是哥哥，裕子稍微放下心来。她也明白，这 20 年来哥哥身上一定发生了不得了的大事。

　　裕子隐去震惊，准备先去下榻的酒店放下大件行李。前往酒店的路上，大介在路边的长凳上坐下，说要休息一会儿。裕子从他的样子看出，哥哥的体力已经大不如从前。二人走进酒店的房间，大介先坐在椅子上。坐下去的时候，他"嘿咻"地喊了一声，似乎让自己沉重的身体坐下来有些困难。

　　裕子正对着哥哥坐下，闻到周围飘着一股臭味，看来是从哥哥身上散发出来的。阳光从窗外照进来，只见哥哥身上穿着的格子休闲衬衫和开衫脏兮兮的，似乎有些日子没有洗过，都泛着黄色。

　　裕子最担心哥哥有没有食欲，她便提议去附近的餐馆吃饭，调节一下心情。

　　"今天我请客，你尽管点喜欢吃的吧。"

　　在裕子的催促下，大介点了炸鸡套餐。

　　裕子没想到哥哥还能正常吃饭。她本以为哥哥的牙都掉光了，应该会点一些对牙口好的食物或是荞麦面、乌冬面这类的面食，可大介毫不含糊地大口吃起了刚炸好的炸鸡，熟练地用牙龈啃咬着，还多要了一份米饭和味噌汤。看来他已经 15 年没有在外面吃过饭了，吃起来很香，裕子对此印象深刻。

哥哥肯定有很多话对我也说不出口吧。现在不说也没关系，能见面就很好了。裕子一直担心着哥哥的身体状况，看到他吃饭的样子暂时放下心来，转而谈起自己的儿子和丈夫的近况。

大介吃完饭，露出一丝安心的表情，开始说起自己以前发生的事。

大介大学毕业后，在东京市中心一家期货交易公司工作，流利的英语让他在公司颇为活跃。27岁时，他接到调令前往美国芝加哥培训一年。回国后，他被调往公司的国际部，每天忙得晕头转向。有一天，他因为在工作上的失误导致公司差一点就蒙受巨大损失。后来他总算弥补回来，避免了损失。然而上司多少因为这件事而介怀，开始找他的碴，对他施以职场暴力。每次他都会反驳回去，引发不少争吵。他的直系下属也总是犯错，导致上司不知从何时开始，已经将留美归来的大介视为眼中钉。

最后上司逼他下跪，他实在忍受不了屈辱，便提交辞呈离开了公司。

裕子沉默地倾听着哥哥的自白。

"从公司辞职的时候你没有拿失业保险吗？"

"好像是，我辞职以后心灰意冷，打不起精神做任何事。"

"你这些年都靠什么过活？"

"我有退休金和存款。"

后来失业保险也失效了。

大介强烈地感受到了自己的无能，精疲力尽的他选择待在公寓里闭门不出。

吃饭就靠超市里的熟食解决，生活十分简朴，因此他能靠存款活下来。但他的牙齿全都掉光，则是因为营养不良、食物种类单一引起的。

裕子想起大介原本性格内向，估计很难承受充满嫉妒的人际关系中的摩擦。

要是他有无话不谈的知心好友，可能还能找到宣泄的地方。但大介没有联系以前能谈天说地的同事，或主动邀请对方吃饭。

伤心欲绝的大介被社会排除在外，失去了与外部的接触，逐渐孤立起来。

从他的公寓稍微步行一段时间，国道边就有大介最喜欢的二手书店BOOKOFF，里面摆放着书和CD，旁边还有一家大型超市。他在家里偶尔也会炒股，但基本上都会错过峰值，大赔一笔。大介过着日夜颠倒的生活，在家埋头读书和听歌。

在他看来，辞职是一种耻辱，绝不能让任何人知道，所以他才总说自己很忙。

家人来东京旅游想见他，他避而不见，说着："你们想去哪儿玩，高高兴兴地去就行了，我就算了。"

他每年冬天都要去滑雪，正月里也不回家，还推托说："盂兰盆节和元旦假期都优先给有配偶的员工，向公司请假要提前三个月申请，见不了面。"

看他这么忙，裕子反而觉得一直缠着他见面不太好，但这些不过是大介为了掩饰自己失业而撒的谎。得知他故意装作很忙的样子避免和其他人见面，裕子难掩震惊之情。

面对家中唯一一直崇拜他的裕子，可能他也觉得是时候放弃了。

要是自己能早一点注意到就好了，这样自己可能也会早点伸出援手。想到这里，裕子悔恨不已。

"还有我在呢，先去政府办事处办理手续，重新振作起来吧。"在车站检票口分别的时候，裕子说道。大介静静地点头。

得知哥哥的现状，裕子在回家的新干线列车上思考着如何让他的生活回归正轨。他一身都是病，却连医院都没去过。为什么自己没有早点儿注意到哥哥的情况呢？想到哥哥，裕子心痛、悔恨不已，泪水在眼眶里打转。然而，想到只有身为亲人的自己才能帮助他振作起来，裕子不禁为自己打气。

长满霉菌的门

自那以后，裕子频繁地和哥哥通电话。可能感念于妹妹的关心，大介也开始只对妹妹一个人敞开心扉。

次月，裕子打算再和大介见一面。那天下着倾盆大雨，裕子在车站和哥哥碰了面，一起打着伞乘坐公交车。裕子上一次和哥哥一起打伞还是在小学的时候，那时高挑帅气的哥哥如今看起来没那么高大了。

他们去了当地的市政厅，重新领取了早就过期的保险证和养老保险手册。接着一起去了职业介绍所，用电脑搜索岗位。大介对裕子说，他还想靠自己以前擅长的英语工作。

裕子向一名看起来业务经验丰富的女性不停低头说着："这位是我的哥哥。我实在放心不下他，所以从关西过来的。还请麻烦您多多指点。"

找到工作以后，哥哥的生活一定能回归正轨。女性职员表示，把个人简历带过来就行，她能帮忙修改。

在政府办事处分别的时候，裕子递给大介满满一大包食材，都是意大利面酱、方便面、蔬菜汁、富含钙元素的鱼罐头、饼干等有营养、容易保存的食物，也是大介喜欢的。这是妹妹对哥哥最基本的关怀。

"注意简历不要有错别字，记得带上用来修改的红笔。这些东西都要记得吃，打起精神来。"

"好，谢谢你。"

几天后，裕子接到了大介的电话，他兴奋地说："我第一次申请就通过简历筛选了！"

"太好了！我就说哥哥你可以的，对吧！"裕子高声说道。

"虽然你很长时间没有工作，但遇见不懂的地方就问别人，慢慢来肯定没问题的！"裕子不断鼓舞着大介。

大介性格认真，但不太擅长为人处世。

后来，大介在电话里和保安公司商量面试日程的时候，无意中说出自己有15年职业空白期的事情。这家公司面试的时候才需要带上简历，所以面试之前的表现很重要。就算有15年的职业空白期，只要等见到对方以后拼命展现自己的干劲，说不定还可能被录取。大介耿直的性格让他失去了这次机会。

负责人一时不知说什么好，直接挂了电话。大介这么做是想让对方了解真正的自己，但做法不得要领，起了反效果，以致失去了面试的机会。裕子对此非常失望，但还是尽力鼓励着大介。

在裕子的面前，大介充满动力。他的语气变得越来越积极，紧闭的心门也渐渐敞开。

两个月后，7月15日，连日的酷暑袭击着关东地区，裕子再次前往东京。她觉得自己有必要了解一下哥哥的生活状态。大介住在一栋三层公寓里的一居室。

　　"你来我家可能也没有地方坐。"

　　大介在路上说了好几遍同样的话。

　　走进房间，裕子才明白他说的是什么意思。白色大门的背面长满了无数黑色的霉菌，走进去以后裕子更是大吃一惊。地板上堆满了书和 CD，正如大介所说，没有裕子坐的地方。尽管他是一个人住，几年前就过期的十公斤大米撒得到处都是。不知道为什么，厨房里堆积着二十几个装着咖喱酱的纸箱。几十个布满尘埃的巧克力和饼干盒随意散落着。墙上也全都是霉菌，几乎无法倚靠。地上脏得让人脱鞋都要犹豫一下，裕子看了看脚下，踌躇着不知如何是好。

　　"怎么会有这么多食材？"裕子问道。大介回答说："东日本大地震①的时候超市里都没有食材了，情况很糟糕对吧，我就想趁此机会买一些备用着。"

　　纸袋里装着哥哥喜欢的外国音乐 CD，裕子在学生时期就经常在他房间里看到。浴室和卫生间似乎几十年没有打扫过，到处都像洒了墨水一般黑漆漆的。

---

① 指日本发生在 2011 年 3 月 11 日的大地震。

"你用洗衣机洗过衣服吗？放洗衣液了吗？好好洗澡了吗？"

裕子实在忍不住，向哥哥提出一连串宛如询问小学生的问题。

"我身上有味道吗？"

"嗯，有点臭。"

裕子不假思索地回答道。

空调已经坏了好几年不能用，插座也拆了下来。裕子猜测他是为了节约电费。

房间里热得要命，几乎和室外温度差不多。新闻里报道说最近连续几天的气温都将高达近40摄氏度，裕子难以相信哥哥每天就这么不开空调生活着。

她才进房间几分钟，就感到热得不太舒服，实在坚持不下去。大介却在连日来的酷暑中，不分昼夜地生活在这样的环境里。大介说，他会24小时开着电风扇，每15分钟就淋浴一次，靠水分蒸发避暑。

首先要把房间里的垃圾清理干净才行，但裕子实在担心自己一个人能不能应付得过来。房间里飘散着霉菌的臭味，到处堆满垃圾。

"不要再买那么多书和CD囤着了，扔掉或者卖掉一点吧。"

"不行不行，这些我全都没看过呢。"

"你在这种环境下生活会得病的。房间变成这样，你也打不起精神一个人收拾吧，以后我会分几次过来帮你打扫的，加油振作起来吧。"

"你会帮我吗？"

大介爽快地接受了裕子的提议，他只相信裕子。

裕子向大介询问了收垃圾的日子。房间里看起来可燃垃圾最多，她便决定在收垃圾的前一天过来。在他重新找到工作之前，先让他的生活回到正轨，不然过得也不太卫生。下次来的时候，至少要打扫到地板都露出来才行。

"健康保险证也办过新的了，随时都能去医院看病。牙齿一定要好好治疗，现在也有不少好的假牙。人最重要的就是笑容。不仅要找工作，对你身体恢复也有帮助。等回归社会以后，说不定在工作场合能碰到有缘人呢。毕竟是一辈子的事，现在还是找个伴儿比较好吧？"

"嗯，你说的是。"

"要碰到合适的，也介绍给我认识一下呀。"

"我知道。"

"那我等你消息。"

裕子没有想到，这是她最后一次和哥哥当面谈话。

无法看到的遗体

裕子每隔三天都会给大介的手机打电话询问他重新找工作的进展情况，但有一天对方没有应答。就这样过去了大概一个星期，还是没有消息。裕子预感不妙，便给消防部门打了电话，说自己联系不上哥哥很担心，希望对方去看一下。她告知了大介的住址，说明了情况。接线员表示他们会立刻准备救护车，之后再给她打电话。裕子屏息等待的时候，电话铃响了。

"我们敲了大门喊他，没有人回应。后面的小窗还开着，我们打算从那边进去。"对方用急切的语气说着。过了几分钟，电话铃又响了，消防员说道："很遗憾，他已经去世了。""什么？"裕子差点跪下来，头脑一片空白。

大介与她最后一次通话的几天后，倒在公寓的厨房里气绝身亡。

裕子8月6日前往东京领取遗体。走进公寓的房间，只见温度计上显示的温度为48摄氏度，这还是在背阴处。清扫员已经把房间打扫干净，这里已没有哥哥的身影，只剩下炎热的空气告诉她发生过什么。如此酷暑之下，哥哥不开空调，仅靠电风扇和淋浴解暑生活。

警方说死因还没有确定，但肯定与连日来的酷暑有关。

哥哥的生活差一点就能改变了。

裕子走出热得冒蒸汽的房间，前往联系她的警察局。尸检报告上的死因为"病死，原因不详"。

裕子恳求警察让自己再看哥哥一眼，对方摇头劝说她最好不要去看。

"现在遗体惨不忍睹，我们不可能让你去看，不能让你受刺激。有的人看了就会不舒服，头疼得厉害。就算一时半会没事，以后回想起来可能也会没有食欲。等把遗体交给殡仪馆之后，你再决定要不要看。"

警察可能觉得她看到会受刺激，晕倒就麻烦了，最后坚持不肯让她看遗体。

尸检结束后，警察局将遗体送到殡仪馆。第二天便是大介的葬礼，只有姐姐和裕子两个人到场，场面非常冷清。殡仪馆的工作人员也劝阻她们不要看遗体，裕子猜测遗体的情况肯定非常糟糕。

"就让我看哥哥一眼吧。"到了出殡的时候，裕子恳求道。

殡仪馆的工作人员踌躇着，谨慎地回答她：

"死者全身都融化了，眼球也没有了，脸都凹陷下去，和照片上看到的完全不一样。最好还是不要看遗体，就让外面包着塑料布吧，这样告别是最好的。"

可裕子的意志很坚定，毕竟那是从小和她一起长大的哥哥。

"不管他变成什么样，都让我看一眼吧。无论遗体是融化了也好，散架了也好，都没关系。我已经做好心理准备了，就让我最后和他道个别吧。哥哥肯定也希望我们能放下心来向前看。"

殡仪馆的工作人员掀开棺材，揭开盖在遗体上的白布。

哥哥的皮肤变成了木乃伊一样的棕色，眼球里的水分也流失了。嘴部有好几处凹陷下去，看起来有些歪斜。头发吸收了他大量的体液，变得黏稠不堪。但无论变化得多么厉害，她还是能隐约看出哥哥的模样。

裕子想着，就是哥哥，他果然长得和父亲很像。接着裕子松了一口气，幸好能见到他最后一面。

——哥哥，你以前过得很辛苦吧。抱歉，我丢下你一个人不管，我一直都没有发现。对不起，对不起，对不起——

棺材被吸入火葬场的炉火之中，裕子捧起了已然化为骨灰的大介。

与父亲不和的后果

裕子知道大介性格内向的原因在于他与父亲的不和。

大介出生在鹿儿岛县鹿儿岛市，是三兄妹中的老大，也是唯一的儿子，在昭和初年①出生的父亲的严厉教导下长大。大介一直按照父母制定的路径前进，他无法表达自己内心的想法，也不能反抗。因他是长子，不仅要成绩优秀，也背负更多的期待。父母要求他的考试成绩能一直名列前茅。一旦排名下滑，父亲就会激动地冲着喜爱音乐的大介怒骂："听着歌怎么能学下去！"别说和外人了，家人之间都很少有和谐的谈话。

父亲说的话都是提醒和指令，语气极为严厉。要是反应慢了一步迟回话，就会遭到父亲的斥责。为此，大介总是与父亲保持距离，基本上不和他说话。

后来，大介疯狂收集他最喜欢的外国重金属音乐的 CD。只有在听这些 CD 的时候，他才感觉从不自由的日常生活中解脱出来。

原本就胆小、不擅长与人接触的大介在最敏感的时期几乎不与父亲说话，成长过程中缺乏亲子之间的交流。裕子见过父亲和大介争执时的样子，她一直非常担心，大介在那种环境下长大，总有一天会做出无可挽回的事情。她的担心在几十年后变成了现实。

"我不是父母的玩具！"

---

① 即二十世纪二三十年代。

大介在大学即将毕业的时候曾经敲着饭桌大喊过，但父亲的态度毫无变化。高中毕业以后，他表示想去读德语的专业学校，结果遭到父母的反对，最后去了当地的国立大学读书。父亲对他的影响甚至波及他的感情生活。哥哥原本心仪一位温柔的护士，他只对裕子提过这件事："你对老妈说可以，咱爸性格固执、脾气古怪，我才不想介绍给他。"

不知道是不是因为这点而自卑，最后他也放弃了恋爱。自那以后，连在大介的遗物中，都没有发现女性存在过的痕迹。

常年如独裁者一般严厉的父亲在两年前去世了。裕子听说，父亲很早就失去母亲，他在七个兄弟姐妹中排行第五，最受他的父亲看重，也是在非常严厉的环境下长大的。

裕子看着父亲和哥哥之间的冲突焦心不已，便和一名性格与父亲完全相反的稳重而温柔的男性结了婚，组建了一个一直充满欢声笑语的家庭。她把自己成长的家庭环境当作反面教材，鼓励自己唯一的儿子选择自己喜欢的道路。

如此其乐融融的家庭与大介走上的轨迹完全相反。

裕子伫立在已经没有大介的房间里，不禁从心底喊出一个没有答案的疑问：为什么会这样？

独行的特殊清扫员

八月上旬某天，特殊清扫员盐田卓也（时年 47 岁）驱车前往死因不明的大介所在的关东地区某间公寓。

盐田早上到得很早。早上六点，关东地区某个小城市的便利店前，聚集着一群忙忙碌碌的身穿工作服的男子。他们买完东西后，又呼啦啦地从里面出来。盐田一大早就将一辆载货量为两吨的蓝色卡车停靠在便利店的停车场里。从盐田的爱车中，传出 B'z[①] 的歌曲。在那群身着工作服行色匆匆的男子之中，盐田显得分外醒目，他正拎着装有一大堆运动饮料的塑料袋往回走。

白色的袜子，深蓝色的工作服，算不上壮实的体格，乍一看打扮得像是高空作业人员。这就是盐田的工作风格。为了防止附近居民发现他在进行特殊清扫的工作，盐田总是到了现场才穿上特殊清扫专用的防护服。

他买了 6 瓶矿泉水、3 瓶宝矿力水特、3 瓶水动乐，一共12 瓶饮品，还有冰袋和盐片。盐田在卡车车厢里的保温箱里先铺满冰袋，再利落地将瓶子巧妙地扔进去，最后把剩下的

---

① 日本著名男子摇滚乐队。

盐片放进口袋。

工作较为集中的夏天，盐田从早到晚都不进食，毫不间断地工作。腐烂的体液不仅会粘在衣物上，还会附着在黏膜上，因此没有办法进食。为此，他习惯每天早晨都准备大量的饮料补充水分。

现在盐田几乎都是孤身前往现场。特殊清扫业者分为两种模式：一种是有组织的从业者，他们有众多的员工进入现场，能够迅速完成工作；另一种是盐田这样单独行动的从业者，工期较长，但一个人就能完成全部工作。单独行动时，工作节奏较为自由，但需要有一定的知识和体力来灵活应对各种各样的情况。

从事电力相关工作的弟弟和在公司工作的哥哥会在休息的时候给盐田打打杂，比如搬运一下货物之类的，而需要特殊清扫技术的污渍处理工作全都由他一个人完成。

盐田在现场所在的公寓前停下卡车，先去了一趟房东家。有人孤独死时，附近居民基本上都会因连日来的异常恶臭烦闷不已，经常容易激动。尤其是房间如果还堆满垃圾，大部分情况下，死者在生前就已经与附近居民产生过矛盾。为此，盐田不可避免地要和周围居民打招呼，表示特殊清扫工作已经开始，来缓解邻居的情绪。

这日，盐田和房东及邻居打过招呼后，便从卡车中取出一系列特殊清扫用具；再撕开塑料袋，拿出蓝色无纺布制成的防护服，从头到脚包裹严实；接着用橡胶材质的防毒面具完全遮盖住面部。站在门前，盐田能感觉到热气与恶臭从狭窄的缝隙中泄漏出来，闻起来刺鼻不已。

盐田站在门前双手合十，接着迅速插入钥匙开锁，拉开门后进入房间，再立刻从内侧关上。这么做是为了避免臭气泄漏到外部。比门外闻到的臭味强烈几倍甚至几十倍的恶臭穿过防毒面具冲击着盐田的鼻子。防毒面具能大幅度减轻臭味，但不能完全隔绝。臭味从密封口鼻的橡胶的间隙中霸道地穿刺进去。

确实应该用"穿刺"来形容。

堆满垃圾的房屋和堆满杂物的房屋

盐田在报价的时候来过这间屋子，也知道应该如何处理。听盐田说，大介的房间有很多书和CD，里面堆满杂物。相较女性而言，男性更容易在房间里堆积与兴趣爱好相关的杂物，而非垃圾。

走进房间，大门口边长80厘米左右的门厅处，大介买的文库本堆积如山，如今已坍塌下来，护封也掉下来一半，杂乱地散落在地上。连接门厅的厨房里放着一台浅蓝色的冰箱，前面扩散着一片黑色黏稠的液体，这就是从大介的遗体中流出的体液。速食麻婆豆腐的袋子、肥肠锅的料包、糙米的包装袋上，都沾染上了体液。一些文库本也完全吸收了体液而变得漆黑。大介死时，头朝着厨房。黑色的体液扩散在整片地面上，甚至浸透到冰箱下方。

公寓的地板几乎被 CD、DVD 和文库本堆积成的高塔所覆盖。发黄的文库本捆在一起，看起来全是 BOOKOFF 店里会卖的售价 100 日元的旧书。

睡觉的空间只有里侧房间铺着的一床朴素的被褥，周围耸立着好几座由书堆积而成的两米多高的高塔，现在有些摇摇欲坠。裕子来到大介家时，看到的也是同样的情形。失去主人的房间如今犹如一片废墟。

特殊清扫首先要完成的任务就是尽快去除污渍散发的臭味。臭味去除后，附近居民便不会投诉，盐田也能更方便进行遗物处理等清理工作。

近年来出现了一种臭氧除臭机可以消除臭味。

这种机器通过与产生臭味的物质发生化学反应来除臭，现在大多数特殊清扫业者都在使用。实际上，许多从业者在一开始就会使用除臭机，但有木工经验的盐田却在最后一步才使用它。

盐田说，当死者在地板上死亡时，臭味的源头就是附着着体液的残留物。如果能移走残留物，就能消除八成尸臭。接着再擦拭玻璃、撕下墙纸、破坏木制框架，就可以开始去除整个房间的臭味了。所以，他的做法是等95%的臭味都去除之后，再用除臭机处理最后5%的臭味。

然而，大介的房间已经被书和CD淹没，地上连坐的地方都没有。要尽快去除臭味，首先需要一定的作业空间。盐田迅速地思考接下来的处理方法，对他而言，他的工作能否成功取决于瞬间的决断力。

盐田在恶臭和酷暑之中环顾着整个房间。黑色的体液浸染了厨房，他决定从靠近厨房的六叠大小的起居室入手。在起居室腾出空间后，便能进入相邻的厨房工作。他走出房间，从卡车上取下纸箱搬进房间。

房间里的温度已经超过了40摄氏度，盐田像在蒸桑拿一般闷热不已。为了避免臭味外泄，房间门窗紧闭，窗帘也拉了起来。昏暗的室内，盐田大汗淋漓，他默默地将文库本都装进便于运输的小纸箱里。在房间里不过几分钟，就热得如同置身沙漠之中。口中干燥难耐，人头晕目眩得几乎倒下，就像在烈火燃烧的地狱中一般。

等纸箱基本装完后，盐田开始在黑色的体液上喷洒杀灭蛆虫的透明药剂。无数白色的蛆虫挣扎着四处蠕动，不一会儿便没了动静。

盐田擦去杀灭蛆虫的药剂和蛆虫之后，又洒上过氧化氢。接触到体液后，变黑的污渍中浮现出白色的泡沫。用毛巾擦拭之后，地板上依然留有一层塑料般薄薄的红色物质没有脱落下来，那就是大介的皮肤。接着他用铲子铲去皮肤，多次喷洒消毒剂，再用美工刀切开墙纸和塑胶地板。幸好下面还没有染上体液，他便掀开所有木板，最后打开臭氧除臭机的开关，让循环器转动起来，使臭氧扩散出去。

在遗照前支付清扫费用

几天后，裕子和盐田在附近的家庭餐厅见了一面。

给盐田的特殊清扫费需要当面现金支付。他手中小小的相框里，正是大介生前的照片。今天让他们见面的人，如今已不在这个世界上了。

"昨天酒店的电视机自己突然就开了，说不定是哥哥回来了，可我一点也没有觉得害怕。"裕子安静地开口说道。

遗照似乎是大介在期货交易公司工作的时候拍的，那时他才三十多岁，看起来眉清目秀，正直直地正视前方。

"哥哥辞职以后似乎做什么事都提不起劲。"

盐田静静地看着大介的遗照回应她：

"你哥哥应该是在工作中已经精疲力尽了吧。孤独死的人大多都是在辞职、孩子独立之后，家里才慢慢开始堆满垃圾的。其中孤独死的男性较多，4个人之中就有3个是男性。有的是因为单身，有的是因为离婚。女性在各方面来说更会处理人际关系，而男性遇到挫折后则会封闭自己。"

听了盐田的话，裕子似乎放下心来，点了点头表示同意。照片中的大介似乎有些笑意，裕子也露出了释然的笑容。在回程的新干线上，裕子对着照片中的大介呼唤着：

"哥哥，你一直都无法说出心中的想法，一直都被关在笼子里，这样的人生很痛苦吧。对不起，我没有注意到这些。如果你能转世，就来找我吧，转世成为我的孙子。在我们家，你可以自由表达自己的喜好，大家也会相处得很融洽。我会等着你的。希望有一天，我们可以再次成为一家人。"

堆满纸尿裤的房屋是虫子的乐园

2018年夏天，盐田处理了大约100个孤独死现场。他每天过着从一个现场赶往另一个现场的生活。

他一到现场，就能感觉出死者生前的为人。盐田在建造于高速经济成长期的居民楼里打招呼时，就有邻居对他说："那个老奶奶留下的臭味没事的，不用担心。"也有附近的小孩子对他说："要把老爷爷的房间打扫干净一点哦。"

近距离地看到痛哭流涕的死者家属确实不太好受，但更令人心痛的是连这种关系都没有的时候。

"味道不好闻吧，不过这人死之前身上就挺臭的。"

某天，盐田在世田谷区高级住宅区的一居室里进行特殊清扫的时候，死者的前妻突然出现，不满地说道，还和儿子一起哈哈大笑起来。

盐田在那个瞬间尤为不适。此外，死者家属无处宣泄的感情和憎恶经常会冲着特殊清扫业者而去。

"平常不闻不问，等到对方孤独死的时候才让我负责任一点，真不知道怎么想的。"

绝大多数死者家属都会对盐田说这么一句话。倒不是对死者有什么怨气，只不过他们不愿意接受，自己仅仅因为是死者家属，就要为对方支付孤独死的代价。钱尽缘尽，当死者没有现金或者保险单等有价值的物品的时候，死者家属的反应就更为露骨。最糟糕的情况是死者家属拒绝担责，经常有房东因为高额的清扫费用陷入困境。

八月末某天，埼玉县某市——

盐田前往这个夏天难度最高的现场。现场是公寓一楼的一间六叠大小的房间，里面曾住着一位八十多岁的男性，死后已经过去两周。他的妻子离世后，他便独自居住，生活状况杂乱不已。附近居民告知情况后，孤独死的死者才被发现。

房间里堆满了纸尿裤，死者家属也无法靠近。

盐田在烈日下一步步走近现场，浓郁的臭味扑面而来。等到了门前，臭味的浓度又增加了几倍甚至几十倍。盐田像以往那样，穿上蓝色的防护服，戴上防毒面具。他用钥匙打开门，冲进房间里观察，确认里面的情况。

里面黑压压的一片全都是虫子。几十只苍蝇在空中飞来飞去，撞击着天花板和左右的墙壁，又转变方向，向着入侵者冲刺而来，毫不犹豫地扑向盐田的脸。阳台窗户上的百叶窗紧闭，没有一丝光线透进来。房间里如同监狱一般令人窒息。空气仿佛停滞，沉重而黏稠地堵塞在这里，而虫子在其中大摇大摆地四处横行。

盐田很快找到开关，打开电灯。从黑暗中首先显现出来的便是蓝白相间的纸尿裤堆。

浸满尿液和粪便的纸尿裤沿着房间的墙壁堆积成约一米高的斜坡。

房间正中央铺着米色的地毯和满是污渍的被褥。被褥已经被漆黑的体液染得湿漉漉的，很明显，死者是在这里咽的气。被炉和架子似乎只是摆设，房间里的物品散落得到处都是，看起来杂乱不已。

已被染成黑褐色的被褥周围，大小不一、种类多样的虫子仿佛已经形成了一个小小的生态系统。巨大双足生物的出现，让虫子的天堂突然陷入混乱。

盐田抓着被褥掀起来，几只黑亮的蟑螂从被褥的缝隙中快速地爬出来。它们扭动着深褐色的身体，沿着"之"字形变换着方向，用目不可及的速度钻出去，迅猛地跳跃起来，不一会儿便没了踪影。

还有几百只远没有蟑螂动作迅速的蛆虫，它们拼命扭动着乳白色的躯体四处逃散。为了活命，蛆虫们向四面八方蜿蜒蠕动着。在寻找出路的过程中，有的高手甚至已经逃到了厨房里。

虫类散去后，剩下的便是一股混杂着尸臭和排泄物臭味的模糊气味。

盐田在异常的炎热和恶臭中，首先做的是拆除堆砌在墙边的"城墙"。他弯下腰来，将纸尿裤一个个抓起来装进袋子里。他不断重复着这个动作，重复了几十次。纸尿裤堆积得有半人高，感觉无论怎么装都没有减少的迹象，就连盐田也在防毒面具后面不住地喘着粗气。

随着他坚持不懈地工作，几乎半人高的"城墙"逐渐变得平坦起来。越往下面，纸尿裤就越瓦解得不成形，里面的棉絮也扑棱棱地掉落下来。棕色的棉絮上沾着的不知是尿液还是粪便，一整面墙都淹没在如花田一般的棉絮中。由此可以看出，这些纸尿裤应该已经放在这里很久了。装纸尿裤的袋子很快就多出好几个。

没过多久，混杂着尿液、粪便和体液的臭味就穿过盐田的防毒面具，毫不留情地渗入他的皮肤。

完全密闭的房间里炎热不堪、臭气熏天，仅仅站在里面，人就已经有点意识模糊，仿佛在接受拷问。即便如此，盐田丝毫不停手，沉默着不断将纸尿裤装进袋子里，脸上汗如雨下。

过了几个小时，一大半纸尿裤已经收进塑料袋里，盐田便卷起浸满体液的被褥。被褥的缝隙中掉出不少蛆虫，它们正痛苦地挣扎着。

盐田利索地用包装纸包起褥子和毛毯。接着，他把文件之类的东西放进纸箱，这些遗物都要交还给死者家属。

掀起被褥，下面散落着喝到一半的饮料瓶、还未用过的纸尿裤和没读完的报纸。报纸已经浸满了深棕色的体液，变了颜色，上面的文字都看不清了。体液甚至已经浸透到报纸下方的地板，扩散到四周大约两米远的位置。

盐田先将垃圾一个个捡起来。

他跪在地上喷洒消毒剂，等体液随着泡沫浮上来，再用铲子刮去。死者已经去世相当长一段时间，流淌在地板上的体液已经失去水分而变干，留下斑驳的痕迹。这种痕迹不容易去除，需要铲子等工具帮忙。

盐田不停地刮着黑色的体液，再洒上消毒剂，用纸巾擦拭干净。忽然，液体中出现了几十个零散的黑点，像撒了红豆一般，原来是蛆虫的虫蛹。苍蝇最开始应该是从排风扇之类细小的缝隙中钻进来的，接着便在尸体的眼球等地方产卵，之后便重复着幼虫（蛆虫）、虫蛹、成虫的循环。虫蛹轻飘飘地浮在体液和消毒液之中。

盐田用铲子铲除体液的声音在寂静的空气中回响着。

在这个如地牢般密闭的空间之外，天空万里无云，太阳光火辣辣地照射下来，室内便如蒸汽桑拿室一般笼罩着一层异常的热气。戴着防毒面具难免缺氧，呼吸更为困难。

盐田有些喘不过气，但依然毫不停歇地用纸巾仔细擦拭着地板上的体液。

从防毒面具的缝隙中钻进来的呛人恶臭和令人晕厥的热气如同永无止境的战争，连身经百战的盐田都应付得极为辛苦。

可他还是不停地在体液上洒着药剂，擦去散发着恶臭的体液。脸靠近地板擦体液的时候更为艰难，就算隔着面具，臭气还是霸道地侵袭而来。闷热、痛苦，令人快要失去意识，盐田依然没有停手。室温显然已经超过 40 摄氏度，而这修行般的时光仿佛要永远持续下去。

盐田不时用防护服擦拭额前的汗珠，但汗水如同顺着窗户流下的雨水一样不停流着，最后直接滴落在地板上。我不禁想到，没有哪里比这里更像地狱了吧。盐田不时露出痛苦的表情，终于擦去所有的体液。

盐田的认真没有白费，充斥整个空间的恶臭不知何时已渐渐消散。

他的工作还要继续，接下来要用刮刀刮除铺在地面上的塑胶地板。盐田就像变魔术一般，顺利地将地板从地基上拆下来。拆除后，盐田又凑近地基，仔细确认是否有臭味残留。看来体液还没有渗透到下面。最后，他撕下墙纸，扔掉成堆的垃圾，工作便结束了。

全部工作完成后，盐田脱下被汗水浸透的防护服。他整个人就像游过泳一样，头发和身体全都湿漉漉的。

从背后看过去，他的身影仿佛在炮弹横飞的战场上独自一人战斗的战士一般神圣。

内心的痛苦：独行者盐田篇

"我为了逃脱父亲的暴力，小时候是在福利院长大的。母亲没真心关爱过我，其他亲戚对我也避之不及，从小我就没法肆意地生活，所以我能理解那些孤独死的人的心情。比如，碰到有暴力倾向的家人，性格就会变得畏畏缩缩；比如有个强势的大哥，自然就难以亲近对方之类的。"

盐田出生在东京练马区，在家里九个孩子中排行第四。

他小学时父母就离婚了。被判给父亲抚养后，父亲对他的虐待就开始了。父亲喝过酒以后会发酒疯，弟弟表现得比较乖巧，父亲便对他施以暴力。父亲几乎每天都会殴打他，有一次他的头骨都被打出了裂缝。盐田十分害怕，离家出走过好多次，但每次都会被警察送回家，接着继续被父亲殴打。

无处可去的盐田在恐惧中住进了附近的墓地。每天饥饿难耐时，他就吃墓地里的供品糕点充饥。死亡距离盐田并不遥远。

因为父亲的暴力，盐田辗转于亲戚之间，最终留在福利院生活。在那里，他认识了比他的经历更悲惨的孩子。

离开福利院后，盐田不想在金钱上依赖父母，便从高中退学离开家里，立志尽快自立赚钱。于是，他前往福岛的建筑承包公司工作，希望成为一名木匠，并参与了福岛第一核电站和度假酒店的建设。之后，他来到东京，负责高层住宅楼等大型建筑的建设，每天都在工地指挥协调。然而，他在26岁时患上了腰椎间盘突出。

盐田扛着沉重的木材，风里来雨里去地拼命工作。到了三十多岁，膝盖和肩部便开始剧烈地疼痛。他感受到死亡的威胁，终于下定决心离开工地，跳槽去广告公司制作网页。

十年前，盐田开始接手灾后重建房屋的工作。后来他决心独立创业，便想到开设一家房屋翻新公司。但在给朋友帮忙时，他发现特殊清扫的需求大得惊人。幸好他以前做过木工，对建筑物的结构了解颇多。年幼时住在墓地的经验也让他对死亡完全没有抵触心理。

话虽如此，特殊清扫的工作还需要对药剂有所了解。他便买来甲酚皂溶液、次氯酸、二氧化氯、过氧化氢，每天不断试验哪些药剂更适用于建材，怎样做才能去除臭味。

究竟是通过修补更换建材物理除臭，还是使用药剂化学除臭，需要根据现场的情况灵活应对。怎样才能在除臭的同时，把对建筑物的破坏减少到最低呢？对盐田来说，探寻这个问题的过程便是一场极有价值的未知冒险。

最让盐田印象深刻的现场是埼玉市一处可以饲养宠物的公寓。

死者是一名患有糖尿病和抑郁症的低保户男性，死后已经过去三个月。

亲戚年事已高，拒绝继承遗产，便由房东来支付房间的清扫费用。这种情况下，所有的遗物都难逃被当作垃圾处理的命运。

来到公寓前，一位抱着小狗的中年女性满脸不安地等在那里。

"那个房间里应该还有猫，你能帮忙看看猫还活着吗？房间号是 312。"

"好的。"

盐田用房东给的钥匙打开门，没有看到猫的身影。不过门口的鞋柜上放着一个巨大的鱼缸，里面的水已经放了三个月，浑浊得变了颜色，散发出酸臭味。鱼缸里像是有个壳，定睛一看，居然是一只比盐田手掌还小的彩龟，正拼命划动着四肢试图从五厘米深的水中逃出来。

没想到它在这种环境下也能生存下来，盐田想道。

起居室里有一只小小的笼子，里面的白兔已经断气。笼子旁倒着一个装兔食的袋子，里面空空如也。

里面就是床，黑色的体液在上面浮现出明显的人的形状。看来死者是趴在床上的时候突然死去的。

盐田听到卫生间里传出声音，走过去一看，一只黑白相间的猫跳出来。它围着盐田的腿打转，用细微的声音叫着。它的身体骨瘦如柴，绿色的眼睛却显得很有精神。

盐田立刻把它抱起来，给它喂厨房里的猫粮和水。猫狼吞虎咽地吃着。盐田习惯了臭味，四处看看，便明白了情况。

看来猫在死者死亡后，喝了彩龟鱼缸里变质的水，吃了包装没有封口的兔食。这个小小的生命才存活了三个月。

"真亏你能活下来。"

盐田轻轻抚摸着肋骨都突出来的猫的背部，心中涌上一股温暖又无法言说的感情。他也想像这只猫一样坚强地活下去。

孤独死现场遗留下来的宠物有不少都丧命了，它们大多是在饥饿、干渴和强烈的痛苦中死去的。

看到这无论在怎样的环境下都努力求生的生命力，盐田不禁为之所动。

盐田前往公寓前等候的中年女性的房间，告诉对方猫和乌龟还活着。听到对方表示希望接手抚养，便交给了她。女性怀中的猫一脸安详地眯起眼睛。

她说等会儿就带猫和乌龟去动物医院检查。

盐田表示自己来承担费用，对方却坚持不肯接受："是我想这么做的。"

如今盐田依然定期给女性送猫砂，继续帮助着她。

现在，盐田在八王子市内租了一间公寓，和在当地一家老酒馆工作的元美一起生活，元美比他小两岁，盐田叫她"小元"。

夏日的一天，我去盐田家拜访，小元做了咖喱招待我。一只叫作花子的贵宾犬摇着尾巴欢快地冲到大门口。花子是两个月前来到盐田家的，还是一只幼犬。

小元在厨房热着咖喱，一脸欢喜地说着她和盐田相识的过程。

"小卓对着我们店里的女孩子一个人讲了好久臭氧除臭机的事情。一开始我觉得他真能说，别人听不懂的事情都能说那么久。他的工作我在电视上也看过，稍微知道一点，总觉得有点吓人，但小卓很温柔的。"小元深情地看着盐田说道。他们俩关系好得无话不谈。

"小卓总是在说工作上的事情，比如今天的死者很胖啊，体液很多啊。听他说这些，还是觉得挺难受的。毕竟我自己也有父母，听到年纪大的人孤独死，心里很不好受，听到年轻人孤独死就更难过。有的人有自己的工作，还是会孤独死。有时，我也会反思起自己的生活状态。"

"大部分孤独死的人都有共通之处，他们本人非常孤独，和亲戚也比较疏远。人是社会的一部分，所以还是要重视自己和身边人的关系。这个世道越来越不正常了。"

"一个人能被社会和他人需要是一件好事。"盐田也赞同小元的观点，如此说道。所以多么困难的工作他都愿意接手，小元对他这样的态度也尽量尊重。

盐田工作结束后，都会告诉小元自己回家的时间。小元便会根据时间为他在浴缸里留好热水。

工作结束后，盐田会用药剂擦拭完身体再开车，但身上附着的尸臭没法完全去除。所以他回家后会先脱下衣服，直接去浴室。人的体液的臭味会附着在头发、衣服等各个地方，把沾满臭味的衣服放进洗衣机后，需要放入漂白剂和工作专用的洗洁剂再按下开关。工作服洗一次很难完全消除臭味，要用洗衣机洗两次才行。淋浴时，连容易残留臭味的鼻孔也要洗干净，才能去吃饭。

"父亲虐待我很厉害，我几乎没有他给我好好做饭的记忆。后来我太害怕他，甚至骑自行车从东京逃到住在福岛县磐城市的亲戚那里。所以我能理解一些人遭到虐待后产生心理创伤，处于孤立状态以致被逼得走投无路。"

小元在一旁点头。

"我听说了他的经历。可能正因为这样，他才能从事这份工作。他会客观地看待这类情况，也会体谅他人，有种恰到好处的距离感，所以我觉得这份工作非常适合他。"

"没错，从事特殊清扫的工作时，或多或少都能知道这个人以前过着怎样的生活。最关键的是从中思考自己应当怎样活着。我在工作时经常能从现场学到很多。"

小元担心的是盐田过高的工作量。2018 年夏天，孤独死的现象频发，盐田连续四个月从早工作到晚，感觉他随时都有可能倒下。

"我给他打电话的时候，不是要开车去这儿，就是三个小时后要去那儿。他不停换地方，完全不着家。"

"不是在睡觉，就是在路上，不然就是在工作。没有时间休息，也没有时间吃饭。"

"真的吗？"

"前段时间有一天我早上四点起床，要处理三个现场。在八王子市用臭氧除臭的时候，埼玉县南越谷来了一个死者大出血的房子等着我去清扫，工作结束的时候都已经是第二天早上四点半了。我连续工作了 24 个小时。下一个现场在千叶县的市川，我就睡了一个小时又去工作了。"

盐田每天早上四点起床工作，晚上九点睡觉。他主要负责的是东京、埼玉、千叶、神奈川所在的关东地区，但其他地区有工作时，也会睡在车里，或者通宵工作，甚至会去趟大阪再回来。

"等秋天工作告一段落的时候，我想出去旅行。"

盐田看着电视自言自语道。

"对了，九州不错吧？还能泡温泉，我都没去过九州，听说吃的也不错。"

"好啊，去九州吧。"小元望着电视回答。

但小元很清楚，不知道何时这个愿望才能实现。他们已经有几个月没有像这样在白天见面了。盐田很快吃完了咖喱，他接下来还有一个现场要处理。这时，电话见缝插针般地响起来。

"我有个电话。"

打电话的是房产公司的人。东京赤坂一处公寓有人孤独死，对方希望他能尽快消除臭味。打电话的男性似乎不太习惯，面对突发状况慌乱不已，十分狼狈。盐田不急不躁地回复着，试图让对方放下心来。

　　"有一名男性在浴室里孤独死对吗？请问警察允许其他人进入房间吗？特殊清扫不是普通的清扫，有的情况下可能需要把地板割开。比如死者死亡的时候要是背靠着浴室的墙，可能要把墙板全都拆除，这样才能阻断臭味的来源，完全消除臭味。塑胶地板下面的胶合板要是变黑了就要全部拆除，如果再向下渗透，可能还要清理地基。"

　　听着盐田的说明，男性稍微恢复一点冷静，表示希望盐田明天早晨能过来报价，便挂了电话。

　　贵宾犬花子不知什么时候起已经睡着了。

　　"你真快活啊，要不要和我一起去特殊清扫的现场啊？"

　　盐田温和地朝着花子笑了笑，花子微眯着眼睛露出天真无邪的表情。窗外的烈日似乎没有那么火辣辣了。

第三章
为孤独死社会提供帮助的人们

日本社会已经从内部开始崩塌。特殊清扫的现场如实地映照着日本走到穷途末路时的模样。但产生这种危机感的不仅限于特殊清扫业者和死者家属,还有很多人处于这个无缘社会的正中央。孤立问题如同无可躲避的巨大波浪,即将吞没日本社会。

本章将聚焦处于危崖之上的日本社会中那些无缘之人和他们周围的人。

收集碎肉片的警察

"有内脏的情况下,遗体会从胸部或是腹部开始不断腐烂。但眼球里富含水分,最先腐烂的是眼睛,水分会逐渐流失。眼部的黏膜最薄，苍蝇容易在里面产卵，蛆虫也会从中涌现出来。蛆虫就和尺蠖一样容易伸缩，警察会趁蛆虫完全伸直时估测它的长度。我们一般用镊子按住蠕动的蛆虫，通过蛆虫的大小判断遗体在死后放置了多久，还要考虑到蛆虫是第几轮产卵。"

已经退休的警察菅原纮一（化名）在东京市内一家咖啡店里对孤独死现场侃侃而谈，用手指比出蛆虫伸缩的手势。在前警察菅原看来，孤独死的地方就是一个人最熟悉的地方。

有人孤独死时，最先见证凄惨现场的人就是警察。菅原不时用手抓抓花白的头发，像是回忆起什么事情一般，对着空气露出锐利的眼神。

他去过许多孤独死现场。菅原说，在警察处理的案件中，他自己感觉孤独死的现象每年都在增加。

"孤独死在警察处理的案件中非常多。独居的人死后立刻被发现倒还好，但往往大多数人过一段时间才会被发现。要是运气不好，夏天在一天到一天半后，冬天在四五天后，死者的腹部就会逐渐变成青蓝色，开始腐烂。"

"冬天四五天就腐烂了吗？"

"血液循环停止后，人的身体会立刻开始腐烂。冬天不是经常有人因为热休克在浴缸里溺死嘛。只要稍微有一点火，水温就下不去，身体里的油脂就会融化，给浴缸的水蒙上一层油膜。运气不好可能会融化成黏稠的糊状。所以打捞遗体时一定要慎重,否则会散架。"

在特殊清扫现场看不见遗体,是因为警察最先将遗体运走,有时他们还要收集碎肉片和头发。

"很多年轻的警察看不下去遗体,毕竟尸臭实在太刺鼻了。虽然也会焚香,但臭味还是会沾在身体上,甚至是鼻孔里。回家后就算洗了澡,妻子还是会问是不是碰了什么脏东西,说身上有一股臭味。自己可能注意不到,别人还是能闻出来。不管经历多少次,还是不习惯尸臭味。去过现场后,休息一下再回来,还是会感觉恶心。但在现场又不能吐出来,只能努力忍住。"

"最先去现场的是哪些人呢?"

"接到报警后,最先去现场的应该是值班的巡警吧。之后就是辖区负责强制犯罪和鉴定的警察一起过去。进入现场后,要检查遗体的情况,再把死者的衣服全都脱下来保持全裸状态。"

让遗体保持全裸状态应该是为了方便进行尸检。

"所以还是不要孤独死比较好,不管是男性还是女性都要全裸。脱下衣服后,需要当场检查遗体上是否有伤口,确认是否需要立案。如果没有外伤,现场也没有打斗的痕迹,再决定是直接喊殡仪馆的人来,还是用警车送去法医那里判断死因。"

菅原最看不下去的就是因饥饿而孤独死的人。一位男性在饿死后被埋在垃圾堆底部长达两个星期，胃里没有一点固体的食物，身体像木乃伊一样变干。

有人孤独死时，房东和房产公司就会报警。警察根据送来的居民卡寻找死者家属，通知对方前来认领遗体。经济情况允许时，大多数死者家属都会领走遗体。如果死者家属是低保户，或者经济情况不太富裕，就算打电话通知他们认领遗体，对方也可能不愿前来，说自己几十年都没见过死者之类的话。

"和死者家属联系的时候，能感觉到死者生前就已经和他们疏远。有时要联系兄弟姐妹或者前妻。电话打过去，离婚的大多会说自己和丈夫已经很多年没见面，不愿意管。他们原来也有妻子和孩子，但双方完全不见面，自然会说出这样的话。有的人没有妻子和孩子，甚至要联系堂表亲或者甥侄们。"

菅原觉得孤独死的现象不会停止，今后甚至会急速增加，拒绝认领遗体的人也会越来越多。

"我经常想，孤独死就代表着家庭关系的消亡吧。从大家庭到小家庭，再到独居的人越来越多。就算让独居的人多和家人亲近也没什么用，情况实在不容乐观。"

为此买单的就是政府。近年来孤独死的案件太多，菅原觉得政府也该采取措施了。

遗物是装满纸箱的拉面

就像菅原所说，亲子之间生前疏远，甚至存在冲突的例子绝不少见，倒不如说是一件司空见惯的事情。

其中，德山一志（时年 56 岁，化名）的父亲就是典型的案例。

2017 年冬天，北风呼啸，天气寒冷得几乎要把人冻住。在汽车公司工作的德山来到父亲的孤独死现场。

"周六早晨的时候，我本来正和家里人悠闲地休息，突然接到警察的电话，说我父亲去世了。而且是搜查一科打过来的，就是负责杀人事件的部门。我当时吓了一跳。"

住在埼玉县的德山来到 74 岁的父亲聪（化名）孤独死的千叶县的公寓。环顾现场，他有些激动地说个不停。

那间公寓当天需要进行特殊清扫和遗物处理，负责人是 Relif 千叶海滨店的笠原胜成（时年 49 岁）。他走进房间后，利落地折叠起被褥，将附近清扫干净。一些周围的居民不知从何处聚集而来，悄声议论着。看来，聪孤独死的事情周围居民已经知道了。

这栋古旧的公寓看起来至少已经建成 30 年。可能因为不朝阳，冷气从脚底蔓延上来。房间里空荡荡的，东西非常少。只见厨房的瓦斯炉上，装有拉面的锅还摆在那里。

由此能看出聪的身上发生了什么。锅里的拉面边缘变得焦黑，水分都流失了，只有面条还粘在干燥的铝制锅里。打开水槽旁的冰箱，里面空空如也。听说父亲是伸着手朝向大门求助，突然趴在厨房的地面上死亡的。瓦斯炉的安全装置启动后，不一会儿就自动关火了。

从现场的情况一眼就能看出，那天父亲应该是像往常一样打算煮方便面，但因为心脏病突发等异常情况而直接倒下。

那天，他的儿子德山正好休息，还在和妻子讨论是去徒步还是去温泉。就在这时，警察打电话来让他认领遗体。

德山的父亲聪以前在大型汽车公司工作，在生产线制作汽车零件。但不知何时他开始沉迷于酒精，在好几家酒馆都赊了账。后来他甚至频繁地借贷，欠下了债，最终连房贷都拖欠不还。

家里的财务状况处于水深火热之中，聪在 33 年前便与妻子离婚。当然，德山自己对父亲也没有什么好的回忆。父母离婚后，他一直都没有和父亲联系，几乎算是陌生人。面对从天而降的父亲的死讯，德山难掩疑惑。母亲很早就和父亲离婚，警察便联系了死者的长子德山，但德山也花了不少时间消化这一消息。母亲后来也知道了前夫死亡的消息，不过她公开表示不愿过问此事。德山说，现在只能由自己来处理父亲的后事。

"他以前给家里人惹了多少麻烦啊，我对他只有恨意，一点好感都没有。所以我也尽量不想和他扯上关系，说不定他在哪里还欠了钱。"

正如菅原所说，通常情况下，发现有人孤独死后，警察会彻底调查死者家人的联系方式。不仅是亲生子女，连甥侄们的联系方式都能轻易查到，之后警察再联系他们前来认领遗体。在关系较远的甥侄们听来，简直是晴天霹雳。

德山的父亲晚年靠退休金生活，但最后还是改不了走到哪儿喝到哪儿的生活习惯。从他的遗物中可以看出，他不在家开火，做饭也只吃营养不均衡的拉面。处理遗物的时候，从橱柜里拿出来的，只有装满整个纸箱的袋装方便面。

埋葬孤独死父母的典型套餐

"父亲就是睁着眼睛仰面倒在厨房地板上的吧。看来他真的每天只吃拉面啊……"

德山叹息般地小声抱怨了一句。从聪紊乱的饮食习惯就能看出，他明显陷入自我忽视之中。

在这个寒冬时期，住在附近的亲戚碰巧在聪死后一天就发现了问题。因此遗体还没怎么腐烂，自然也看不到体液，属于比较好的情况。要放在盛夏，情况便完全不同。若几天没发现遗体，体液就会浸染到地板底部，清扫费用直线上升，最少也要超过 100 万日元。

近年来，死者家属与房东经常围绕谁负担这笔费用的问题产生矛盾。更恶劣的是，由于是完工后付款，有的死者家属不付钱便逃走了。

德山找到熟识的殡仪馆，接受对方的建议，选择了从火化到安放骨灰的一条龙套餐。他不知道父亲的骨灰最终会从火葬场运往哪里，他也不关心以后会怎么样（这种情况后文将详细说明，一般都会将骨灰安放在成本极低的公共合葬墓地）。

"我第一次见识这种火化，之前没见过这么朴素的火化方法。说实话，父亲去世后我松了一口气。那么麻烦的后事能用钱全部解决也挺好的。"

德山支付这笔费用只有一个理由，毕竟去世的人是他真真正正的亲生父亲，但他的心意也仅此而已。

没有兴趣知道父母的遗体在哪里

这就是孤独死死者家属的真实现状。有的从业人员接手的孤独死现场的死者基本上都和聪一样，是离婚后家庭破裂的男性。

德山继续说道：

"我把父亲的死讯告诉了他以前的同事，结果对方给我看了警察的名片，说警察来找过他。还说父亲到最后都要给他添点麻烦，其实我也是这么想的。哪怕最后留点钱下来也好啊。"

德山直到最后都没有说出任何悼念死者的话。

支付给殡仪馆的送葬费用为 10 万 8000 日元，殡仪馆的棺材及在冷库保管两天遗体的费用为 1 万 9744 日元。处理家具杂物的费用为 28 万日元，尸检报告的费用为 3 万5000 日元。剩下还有父亲拖欠的信用卡账单、公寓的清理费用，等等。所有费用林林总总近 60 万日元，最后都由德山来支付。

大家可能不太清楚，孤独死的问题在于清扫费用。一般来说，时间过得越久，孤独死对房屋的损害就越大。另外，附近居民受到的损害也不容忽视。有一家公寓里，因为死者的体液已经滴到楼下，楼下的居民不得不在酒店里住了几个星期。另外，还有尸臭沾染到邻居的家具等财物上，使得对方只能搬家。此外，有人孤独死时，房屋会变成凶宅，屋主也有告知卖家的义务。除非房屋的地段极好，否则只会贬值。

更重要的是，房东与死者家属围绕这笔高额费用产生的激烈争端一直无法停歇。

孤独死后究竟需要花费多少钱呢？可以看一下这张报价单。

案例①　特殊清扫公司 A 公司报价单

六十多岁女性

户型：两室一厅

千叶县

- 遗物处理：60 万日元

- 特殊清扫及其他（含臭氧除臭）：60 万日元

合计 120 万日元

详情：孤独死发生在于高度经济成长期建造的居民楼，死亡时间超过一个月。房间在四楼，内部没有楼梯。因财物较多，处理费用和人工费增加，总计超过 100 万日元。

案例②　特殊清扫公司 B 公司报价单

七十多岁男性

户型：单间

东京

- 入室前准备工作：2 万日元

- 遗物处理：34 万日元

- 特殊清扫及其他（含臭氧除臭）：24 万日元

合计 60 万日元

详情：孤独死发生在房龄 50 年的租赁公寓，死者为老年人。公寓已停止招收新租客，孤独死时房屋已决定要拆迁，死者家属只需负担清扫费用。

大众可能不太清楚孤独死的花费，随着遗体腐烂程度的加深，特殊清扫的费用有时可能达到数百万日元。除非放弃遗产继承权，不然承担这部分费用的自然是有血缘关系的死者家属。

由家人送终和孤独死的人都会进入同一个火葬场

怎样火化孤独死的遗体呢？ 2016 年 8 月，我在北关东的火葬场见证了一次孤独死遗体的火化现场。死者是出生于鹿儿岛县的七十多岁男性，他在东京市内的公寓孤独死去，没有人来认领遗体。

火化手续由政府委托殡仪馆的工作人员完成。她说遗体一般都由灵车运来火化，但孤独死或者无亲无故的人的遗体则是放在面包车上悄悄运过来。

幸好这位男性的遗体还没怎么腐烂。有时候，遗体上经常布满各种蛆虫，这时就必须用带卡扣的袋子将其密封，再放入棺材直接火化。遗体处于这种状态下，开棺都很困难。

从面包车上卸下棺材，殡仪馆的工作人员便迎上来，将棺材放在类似担架的运输工具上，排成一列运到火炉前。担架很快就到齐了，殡仪馆和火葬场的工作人员互相行礼后，等待火化结束。

不一会儿，殡仪馆的工作人员便被通知前往骨灰室。在温度极高的操作台上将燃烧殆尽后没有形状的骨灰摆成人的形状。隔壁的房间里挤满了无法进入骨灰室的死者家属，能听到他们的哭泣声。

由家人送终的人和孤独死的人都会在同一个地方火化。

负责收集骨灰的男性工作人员仔细利落地操作着。由于是夏天，只见他大汗淋漓地夹起骨灰，一点一点放入骨灰盒中。

"您要捧一下骨灰盒吗？"

我正专心观察他灵巧的手法，一名女性工作人员对我说道，我便用双手试着捧起骨灰盒。骨灰盒比我想象的要重得多，还带着一丝余温。我双手抱着骨灰盒，搬到工作人员的车上。之后它将会被安放在公共合葬墓地。

人在孤独死后，如果死者家属拒绝认领遗体，或死者无亲无故，最终将由政府负担安葬的费用。简单来说，这些费用将由我们的税金支付。

最后的家是三万日元的墓地

孤独死后遗体也会火化，但从物理意义上说，会变成没有去处的"漂流骨灰"。

漂流骨灰最终将会进入成本极低的公共合葬墓地。

许多死者家属会打电话或寄信给一家名为"救助无家可归的骨灰"的公司（总部位于东京新宿区），询问他们应该如何处理自己被迫接手的骨灰。这家公司收取三万日元接手骨灰，每个月会接到超过100个咨询。

"救助无家可归的骨灰"公司的负责人告诉我有关合葬的内情。

"选择我们墓地的人，几乎都因为各种原因在生前就已经与死者疏远。感觉家人之间的关系和以前完全不同，他们对死者没有任何留恋，单纯不想留着骨灰，所以其中还有一些开着价值超过1000万日元的豪车来我们公司的富人。"

这些人连孤独死亲戚的长相都不知道，就被迫接手骨灰，他们只想用便宜又简单的方式解决。能看出来，前来咨询的死者家属都因为突发状况而慌乱迷茫不已。

"离婚后就和我疏远的父亲孤独死了。他是低保户，政府帮忙火化。但我母亲不愿接手骨灰，就到了我手上，我想尽

快处理掉。"（五十多岁的男性）

"早就不联系的叔父死后，市政厅打电话给我，说因为没有其他亲戚，就通知我这个侄女负责火化。我想委托你们送骨灰去埋葬，市政厅会直接把骨灰寄过来的。"（四十多岁的女性）

所谓的"送骨灰"指的是用快递邮寄骨灰。咨询孤独死死者骨灰的客户都比较急切。

"我舅舅孤独死以后，他儿子不愿接手骨灰，警察就联系了我这个外甥。我想咨询一下送骨灰的事情。"（六十多岁的男性）

"我姑姑一年前孤独死了，最近才被发现。我打算长期供奉她，希望了解一下你们的费用。"（四十多岁的女性）

现代日本的生死观可见度为零

从这些咨询的内容中能够看出死者家属心里的不安，与自己毫无关联的亲戚的孤独死，在他们看来就是强加给自己的包袱。

最近有很多濒临孤独死的"无缘之人"生前就来咨询，其中不乏正值壮年的四五十岁的客户。他们因离婚或单身而觉得自己极有可能孤独终老，对未来充满担忧。他们的身边没有孩子，没有愿意帮助自己的亲戚，也没有亲密的友人，由于生病或者担心自己的身体健康而前来咨询。

"我五十多岁了，现在还是孤身一人。最近经常生病，身体状况不太好。我没有什么近亲，想提前咨询一下情况。"（五十多岁的男性）

"我现在单身，很担心自己会遭遇不测。我想咨询一下生前签约处理自己后事的事宜。"（五十多岁的女性）

公司每天都会接到许多类似这样的"无缘之人"的生前咨询。

从几十年前起，社交孤立问题已经显现。但日本社会对此一直不闻不问，才导致现在的结果。随着未婚率上升、雇佣关系变得不稳定等原因，这一状况正加速发展，如今已进入到可见度为零的未知领域。负责人所说的话也印证了这一点。

"几十年前，人从出生起就与宗教保持一定联系，家里放着佛龛，僧人还会经常到访。那个年代家里人多，不用担心自己的后事。随着人口流动和少子老龄化的加剧，昭和时代高度经济成长期的上升趋势急转直下，日本的氛围与以前截然不同。"

实际上，如今的时代与以前不同，人不再能自然而然地构建起人际关系。

其中一点就是以热心肠大姐为代表的邻里和睦的社区团体的消亡。原本理所当然的事情如今已摇摇欲坠，问题在于很多人没有发现它的重要性。另外，无缘之人的孤独死和漂流骨灰在我们看不见的地方逐渐增加。

出售饲养大量猫咪的房屋，为佛龛换水的房产公司社长

有人孤独死后，房屋便成了凶宅。所谓凶宅，就是指发生过杀人事件、自杀、孤独死等情况，屋里有人去世的房屋。

房屋咨询行业 Total Agent 公司的社长高木优一（时年 47 岁）就经手过许多这类特殊的房屋。

高木经常能接到发生过杀人事件、自杀、孤独死等情况或曾经堆满垃圾的房屋委托。高木表示，现在孤独死和自杀以及杀人事件一样，都会让房屋变成凶宅，卖方有义务告知买家。尤其是在公寓里，一旦有人孤独死，邻居很快就会知道。高木的工作就是处理这类凶宅，让它们焕发新生。

"我明明在房产公司工作，却感觉在处理社会问题。看过现场以后，能感觉到社会的扭曲，我希望大众可以进一步了解这一现状。大公司的人不愿意接手凶宅和堆满垃圾的房屋，所以这类房屋才会到我的手上。"

高木的目的地在东急东横线沿线的新横滨附近，是一栋年老的姐弟俩居住的高级住宅。几天后房屋就要被拆除，他去最终确认一下情况，我也与他同行。

据说是他熟识的司法书士①找他帮忙，说碰到一栋有些麻烦的房屋，觉得他应该能处理好。

那栋房屋位于东南角地段，面积超过 80 坪②。院子里的树木郁郁葱葱，简直像一片小森林，几十只猫栖息在屋檐下。房间里飞舞着大量的蚊虫，不到几分钟就叮得人身上到处都是包。里面堆满垃圾，几乎连下脚的地方都没有。姐弟俩就在这么宽敞的房屋里静静地相依为命。

发现这对姐弟时，姐姐已经六十多岁，是个从未工作过的"家里蹲"。弟弟心脏不好，离不开呼吸机，因此也没有工作。他们的年纪不大，还不到需要政府帮助的程度，所以一直无人过问。

高木走进这栋房屋时，两个人正坐在昏暗的房间里，瞪着浑浊的双眼半埋在垃圾堆中。

两个人之前靠着父母的遗产勉强过活。但后来存款用尽，他们只能找高木哭诉，询问他怎样才能领到低保。高木表示，

---

① 即接受委托办理与财产、商业相关事务的司法代书人。

② 约 264 平方米。

88

他们住的独栋房屋属于资产，是阻碍他们领取低保的障碍。他提议出售房屋，两个人住进住宅区，他会全程陪他们办完搬家手续。

"我对弟弟说，我每个月1日和15日会给佛龛换杨桐叶和水，也会给他打电话。卖房有一定收益，做这点事也是应该的。他们没有人可以求助，非常孤独。没有亲人，整个家都与世隔绝。他们也不是老年人，看起来像是经济独立的成年人，没有人会帮助他们。"

住进住宅区需要担保人，但两个人无依无靠，高木便担任了这个角色。他每两周就会打电话确认二人的安危，关心他们的身体情况。高木有些不好意思地低下头，表示也算不上提供福利那么夸张，他只是自然而然地处理了社会问题。

现在最流行的是临终服务人员充当"出租家人"

孤立这种疾病正逐渐侵蚀着日本社会。如果说特殊清扫处于最末端，处于最前线的便是为老年人提供帮助的临终服务团队。

远藤英树（时年51岁）自称"出租家人"，代替真正的家人为老年人提供帮助。服务内容从选择护理设施到葬礼都包括在内，当然也要收取相应的费用。不过实际上，他更多时候是替代生前就和死者疏远的家属处理后事。他们虽然血脉相连，但家属只把死者当作包袱。可谓是现代版的《弃老山》传说①。

"说到孤独死，极少有处于孤立状态的人自己前来寻求帮助，大多都是他们的家人和兄弟姐妹来咨询。要是多问问大家自己有没有走得远的亲戚，说不定就没有那么多孤独死的人了。孤独死实际上会给周围的家人带来很多麻烦。既然是孤独死的，自然没有人愿意为死者准备后事。与周围人越疏远，越不会自己准备后事。但万一遭遇不测，还是要和护理院以及殡仪馆打交道。我们就是为那些不被家人接受的人提供帮助，成为他们的'出租家人'。"

远藤这次的客户叫小林良子（化名，时年 61 岁），她的哥哥现在在护理院里。这日，他们在川崎站附近的咖啡店见面。良子突然听说她二十多年没见的哥哥倒在了车站前，正慌乱不已。远藤没有太顾及她的心情，单刀直入地说：

"关于您兄长的后事，您希望把骨灰撒出去吧？"

"对，留着骨灰我也不知道怎么处理，就撒在海里吧。"

---

① 译者注：《弃老山》传说讲的是儿子为了减轻家庭负担，将年老的父母丢弃在山里，任其自生自灭的故事。

"之后会有专业人士处理的，您想撒在哪边呢？"

"东京湾吧。"

他们谈论的的确是后事。良子的哥哥倒下后患上早期阿尔茨海默病，从医院转移到护理院后恢复能力惊人，如今正活得生龙活虎的。但妹妹良子依然毫不在意地和远藤讨论着撒骨灰的话题，坦诚地交谈着。她的脸上浮现出安心的表情。

谈话继续进行，最后她选择在哥哥死后将他的骨灰撒进海里。

"我见到远藤的时候，听他说他可以把生前死后所有事情都安排好，我就放心了。我们兄妹俩不知道什么时候会死，要是只剩哥哥活下来，我也不知道他该怎么办。远藤说，就算我们都死了，他也会连哥哥的骨灰都安顿好。就凭这一点，我就毫不犹豫地选择委托远藤，让他处理各项后事。"

良子打从内心感谢远藤。

良子几乎不认识她二十多年没见的哥哥。他们年龄相差10岁，良子是初中生的时候，哥哥就加入自卫队离开家。两人几乎没怎么说过话，从小体弱易过敏的良子单单应付自己的病就精疲力尽，没什么有关家里的记忆。算不上喜爱，也谈不上厌恶。不久前，她还不知道哥哥住在哪里，也不知道他在做什么。如今只是因为血缘关系，自己就要被迫照顾哥哥，这令她惶恐不已。

"我听说哥哥倒下来到医院的时候，都不知道他是不是我哥哥。我甚至还想，我真的可以来这个病人的床前探望吗？等我瞥了一眼他的脸，看到他富有特征的眉毛，才终于意识到他是我的哥哥。我之前一直担心自己找错病床。"

接下来要处理很多事情，要把哥哥公寓里的行李搬出来腾空房间，从银行取出存款，给护理院支付费用。良子光是想想要一个人做这些事情就感到精疲力尽。

"我也不是恨哥哥，就是觉得这样下去我会撑不住的。我去哥哥住的横须贺的公寓就要两个小时，回家还要两个小时。从存折里把钱取出来，再按个印章又要两个小时。"

最让她担心的是哥哥出院后的去处。只是想象一下在家里摆上哥哥睡的护理床的情景，她就要晕过去。

"哥哥的病治好后，要是医院赶他出来怎么办，我是不是只能带他回我家？到时候必须在客厅里铺一张简易的床吧。我向护理支援专员求助之后，他们把远藤介绍给了我。"

良子正觉得自己没法一个人完成这些事的时候，远藤的出现挽救了她。见到有人可以帮她接手哥哥生前死后所有的事情，她立刻决定委托对方。从联系护理院，到清理房间，再到葬礼的安排，远藤都可以代劳。他就是护理院和家属之间的桥梁。

"见到远藤之前，我曾经要把哥哥房间的被褥从护理院寄走处理掉。东西实在太重了，我从房间走到便利店都费了好大的劲，中途我都不想寄了。现在有远藤在，我不用到场就有专业人员安排好所有事宜。我只要在全部收拾好以后过来说声谢谢就行。如果这些全都由我亲自来做的话，我早就倒下了。"

"听说有时照顾病人的人反而比病人先去世。"

"对，我朋友丈夫的父母就搬进护理院了。我听她说，她晚上经常接到电话，每次还必须要坐出租车过去，实在太辛苦。护理这事出人命不奇怪，但现在远藤会帮我处理好所有事情，我轻松多了。"

现在护理院不会不停地发手机信息给良子，而是发给远藤。

"老人需要内衣和换洗衣物，请买一些过来。"

"今天您家的老人失踪了。"

"请买一只马桶刷带来。"

远藤会选择性地告知良子必要的信息，替她购置必需品。

"我真的感觉很轻松，有什么意外还有远藤在，他会帮我处理好的。"

良子毫不犹豫地说出"处理"这样的话。

"我觉得最重要的是让接受护理的人和家属都露出笑容，营造出和谐的护理氛围。当然，护理不可能百分之百满足对方，但可以尽量减少矛盾，最好让家属最后还能对死者说一句辛苦了。现在人与人之间充满隔阂，事到如今要求大家修复关系未免太勉强。"

良子点头赞同远藤说的话。

"没错，有远藤在中间协调，我才笑得出来。说真的，如果让我一个人处理所有事情，估计我早就不愿意见哥哥了。人还是要多笑笑，才能保持做人的尊严。"

良子安排好给哥哥撒骨灰的事宜，露出一副松了口气的模样。可能有人觉得良子身为家属未免太过冷淡，但远藤对这种做法已司空见惯。

"本来确实应该由家人和护理院联系，但联系得太频繁也会惹人心烦。所以我会征得家人同意，收钱代替他们联系。客人觉得麻烦的事情我们都会做，所以想花钱摆平麻烦的人才会找到我们。如今，生活富裕但不愿和孤立的亲戚扯上关系的人越来越多。"

远藤说，孤独死只是孤立者的终点，问题在此之前已经发生。要是孤立者患上阿尔茨海默病或者得了疾病，亲戚可能会接受。

"但更多的情况是亲兄弟姐妹好几年不联系，孤立者本身引发过家暴、欠债和离婚问题导致关系破裂，家属不愿见面。家人之间的矛盾远比我们想象的严重，根本不可能修复关系。只不过因为是亲戚，有的人就要被迫承担护理的责任。我觉得我们就是为民生委员和护理支援专员无法插手的部分提供缓冲作用。"

替家属奔走的远藤从事的是从扭曲的关系中诞生出的"孤立生意"。临终服务听起来好听，其实就是为"无缘之人"安排后事。如果说特殊清扫是死后安排后事，那么远藤的工作就是在生前安排后事。

和特殊清扫业者急剧增加的情况相同，这类"出租家人"的临终服务业务的需求量也在增加。而远藤这样收钱为已经疏远的家属摆平麻烦事的从业者，也会在不断试错中急速增多吧。

确实，正如远藤所说，断了线的风筝很难找回来，一度决裂的亲缘关系事到如今也不可能修复。相反，用金钱帮孤立的亲属解决后事，一切交由第三方处理，才算帮助那些被迫接手的亲属。

然而，我从远藤的生意中窥见了无缘社会的结局。

多管闲事才能拯救孤立者

有些人经历过亲属的孤独死后，便自愿去帮助陷入孤立状态的人。

神奈川县的上门护士山下美由纪（时年 54 岁）便是其中

一员。

山下在"鸟鸣会"为孤立者提供咨询服务。前来咨询的人下至十几岁，上至八十几岁，大家都有着各种各样的烦恼。而且，她还会主动前往处于孤立状态的老年人和年轻人的家中，确认他们的安危。除了提供咨询服务，她还用积极乐观的心态感染着他人，因为她也有过悲惨的经历。

山下的父亲光一在十年前因孤独死离开了她。

那是一个深冬时节，二月还非常寒冷，山下四天前刚和父亲通过电话。

山下在福冈县筑丰地区的住宅区出生和长大，那里是一个曾因煤矿而繁荣的乡下小镇。父亲和继母二人就生活在有30年房龄的五层住宅楼的一楼。山下的父母在她幼时就离婚了，父亲在山下上中学时再婚。继母常年患有自主神经紊乱的病症，每日与病魔做斗争。继母为了治疗精神疾病住进医院，几天后父亲去世了。

山下用钥匙打开门，走进三室一厅的房间，闻到一股刺鼻的线香味。打开门便是门厅，客厅里放着棕色的被炉垫，地上铺着波斯地毯。空气中充斥着线香和胃酸的气味。

混杂着胡萝卜和萝卜块的棕色呕吐物洒在被炉垫上，扩散到四周约半米的位置。

日式卫生间的排水管不知为什么彻底掉下来，周围浸满水，马桶附近铺着蓝色的塑料布。父亲应该是起夜时因为热休克引发了心脏病。

楼上的女高中生半夜两点碰巧听到光一微弱的呼喊声，却以为是自己的错觉，也没有告诉父母。

等楼上的居民发现身体变冷的光一时已经是两天后。光一在卫生间心脏病发作，在地上爬来爬去，试图用手打开阳台的窗户求救。架子上的碗和马克杯都摔得粉碎，碎片散了一地，窗户只打开了五厘米。身为护士的山下很快便明白了情况。

"厨房里一片杯盘狼藉，能看出来他应该是拼命爬到客厅，试图打开窗户向其他人求救。但因为用不上力气，窗户只打开了五厘米。心脏病发作后，他应该还清醒了一阵子。不过家里没开暖气，体温过低便去世了。"

客厅里的梳妆台不正常地歪斜着，录影机落在地板上，天线也被折弯。光一发病后，应该是在房间里痛苦死去的吧，这个事实让山下颇受打击。

冰箱里放着许多透明的保鲜盒，里面装满腐烂到黏稠的副食品和发霉的水果。电饭煲里还留着大概半桶炒饭，已经彻底干瘪。看到如此惨状，山下忍不住痛哭起来，泪流不止。

环顾房间，她20年没回来的家已堆满杂物。可能因为住了几十年的关系，地板上有些木头翘起来，上面用胶带贴了好几层来修补。山下和哥哥以前共用的上下铺上，衣服、鞋子、餐具堆积如山，一直堆到天花板。而父亲就在仅有六叠的起居室里铺着被褥生活。

"父亲原本非常爱干净。进了房间后，我发现里面脏得任何人都会大吃一惊。说实话，虽然他是我的父亲，看到这种惨状，我还是为他感到羞愧。房间里无处下脚，起居室连桌子都收起来，就空出一块地方铺被褥。每天往返于起居室、大门、卫生间和浴室之间，东西多到无处下脚，到处都塞满东西。"

父亲生前不顾山下再三反对，继续和患有精神疾病的继母一起生活，独自承担烧饭、打扫、洗衣等所有家务。

"他羞于告诉外人自己的妻子患有精神疾病吧。最近继母的妄想症变得严重了，她会在外面大喊大叫，在店里站着一动不动。所以父亲不让她出门，也不让人进家里。对我这个女儿也逞强，从不找我商量，才渐渐陷入孤立的状态。"

等继母住院几天后，大概是长期紧绷的弦断裂了，他便孤独死去。光一患有 1 型糖尿病，山下觉得肯定是因为他和继母一起生活的压力导致的。

收拾房间的时候，山下找到了光一死前不久买食物的收据。

"父亲最后买的东西是干果和茶叶。他应该是想买来自己吃的吧，想到他还没吃就去世了，我总感觉空落落的。"

身为医务工作者，山下眼中的死亡就是停止的心电图，是医生的临终宣告。所以，她难以接受父亲在没有任何人看护的情况下死去。

"我实在忍不住责备邻居。为什么他们不能早一点过来？为什么他们没有注意到？我知道不能责怪他们，但我还是想把责任推给别人，我现在也是这么想的。"

山下没有依靠任何人，独自一人花了两个月时间将父亲的房间收拾干净。她在浴室里用手清洗父亲吐过的垫子，放在阳台上晾干。呕吐物留下的痕迹无论怎么洗都洗不掉，她却不认为那是污渍。父亲火化了，也拿到了骨灰，她还没有真切地感受到父亲的去世。父亲以前是工程师，英语说得流利，还喜欢弹尺八和三味线，性格非常温和。

"收拾房间的时候，我总是在想，父亲为什么会这样死去呢？他以前在东芝公司和日立公司提交的策划都获过奖，过得风光无限。现在为什么会死得这么悲惨呢？我无论怎样也没法把死去的父亲和以前的父亲联想起来，一定是我还没有接受这个事实。四天前他还打电话给我，要是那个时候我去福冈就好了。每次想起这些，我就十分痛苦，总感觉是我让父亲走上了死路。所以我才一直不能接受父亲的死。"

父亲之死促使她成立协会

山下每天以泪洗面。直到有一天，她想到可以帮助其他像父亲一样去世的人。

父亲去世几年后，山下在鹭沼当地成立了"鸟鸣会"，帮助处于孤立状态的人。"鸟鸣会"的意思是让周围热闹起来，尽量减少处于孤立状态的人。鸟鸣会意在与地区社会福祉协议会等社区团体合作，拯救像父亲那样孤零零的人。

许多像山下父亲那样处于孤立状态的人前来鸟鸣会咨询。从自我忽视到孤独死只有一步之遥。尚未领取养老金的壮年群体与老年人不同，他们无法享受福利。他们独居时容易患上抑郁症等精神疾病，从而无法工作，以致几个月后才被发现，这样的案例数不胜数。山下通过帮助处于孤独状态的人，直面父亲为什么会孤独死的疑问，认真思考自己究竟能做些什么。

这些人中不仅有低收入者，也有住在公寓里家境良好的男性。他们感到孤单，希望与他人产生联系。哪怕有孩子，有金钱，还会渴求这些。面对精神上感到孤独的人，山下会给予他们关怀，定期去他们家中拜访，和他们聊天。

民间智库日生基础研究所于 2014 年发布的报告《关于预防长寿年代孤立情况的综合研究：迎来三万人孤独死的时代》

以问卷形式调查了各个年龄段每天的交流状况。问卷显示，全国有可能处于孤立状态的人包括：宽松世代^①66万人，团块二代^②105万人，团块世代^③33万人，"75+"世代（75岁至79岁）36万人。

这四个年龄段加起来就已经达到了240万人。

但240万人这个数字只包括有限的年龄段，比如宽松世代的23岁至25岁，团块二代的39岁至42岁，不包括中间的年龄段。

因此，我根据日生基础研究所的调查自行推算得出，日本现在大约有1000万人处于无缘及孤立的状态。尤其是现在的2019年，30岁至40岁后半的人之中，每10个人就有3个人单身。他们没什么兄弟姐妹，独自一人生活，很容易陷入孤立状态。

山下也关注着这些壮年群体的孤立情况。

身患重度糖尿病，还每天去家庭餐厅吃炸猪排

有一名二十多岁的男性无依无靠，还有发育障碍的倾向。

---

① 指日本1987年之后出生的人。
② 指日本1971年到1974年之间出生的人。
③ 指日本1947年到1949年之间出生的人。

他勉强找到一份清洗餐具的工作，但房间里堆满垃圾。山下就帮助他找工作，每天打电话确认他的安危。每半年就去帮他大扫除一次。他只对山下敞开心扉，和她谈论工作中遇到的困难。

这些都是山下在医院工作的业余时间里无偿进行的。

"我觉得多管闲事的态度很重要。日本人总觉得自己会麻烦孩子，这种想法才有问题。就是应该直接向他人求助，让别人帮助自己，不然对方不会发现问题。像我父亲那样，总装作自己过得很好，我才一点都不知道。帮助他人的时候，也不要只问一句话，觉得不对劲就要进房间里看看，及时介入才行。我从父亲的死中明白，一定要多介入那些孤立者的生活。自己不积极介入，对方也不会主动坦白。"

经历过父亲的孤独死之后，现在山下以上门护士的身份，积极与垃圾屋的居民接触。她觉得自己要是再多管闲事一点，可能就会察觉父亲的异样。世界上应该有很多像自己父亲那样的人，这个想法激励着山下行动起来。

现在她负责的是一名糖尿病患者，名叫河合千代（化名，时年七十多岁）。她的血糖值一度高到测量仪的指针都转得超出范围，她倒在路上后被人发现送来抢救。

自那以后，山下每隔几天就会上门护理一次千代，给她测量血糖，喂她吃药。

千代住在埼玉县三室一厅的公寓里，里面堆了好几层垃圾，几乎无处下脚。打开门以后，立刻有一股刺鼻的臭味扑面而来。垃圾已经多到人根本没法踏进里侧的厨房。

千代也不洗澡，每天穿着同样的衣服，臀部的布料已经磨损，下半身露出来了一部分。她平常都穿着纸尿裤，排泄物就扔在敞开口的塑料袋里。房间里到处乱扔着沾满粪便的纸尿裤，散发着令人惊奇的恶臭。这就是典型的自我忽视。

山下谈论着千代的自我忽视行为：

"我非常担心她有一天会像父亲那样倒在家中孤独死去。我们医务工作者只能隔几天去一次，不可能每天都去。最让人担心的是她会因为偏食猝死。公寓附近有一间家庭餐厅，河合每天早上都会去那里吃炸猪排和汉堡。正因为她一直保持如此不健康的饮食生活，血糖值才急速上升。她自然会糖尿病发作失去意识，情况已经非常危险。"

千代大学毕业后在东京市区当秘书，一直工作到退休，算是一名意气风发的职业女性。她买下三室一厅的公寓，贷款也都还清，单身独居在此。虽然也有兄弟姐妹，但因为家里堆满垃圾，谁都不愿意和她扯上关系。有了退休金，她想吃什么就吃什么，想买什么就买什么。这样的生活让她这几年就患上了严重的糖尿病。

最近她连公寓的垃圾存放处都懒得去。垃圾袋里还装着污渍斑斑的纸尿裤，她就直接扔在公共区域。味道实在太难闻，同公寓的居民投诉不断。公寓的管理员听闻此事，每天不得不前来清理。

另外，千代有着极强的购物欲。每次看到电视购物广告或者邮箱里的传单，都忍不住冲动立刻打电话购买。可商品送达以后她就失去兴趣，箱子包装也不拆就放在那里。长此以往，房间里便堆满了没开封的纸箱、全新的衣服和家电。

山下在这间堆满杂物和垃圾的房子里看见了父亲的幻影。

"买包、买衣服和鞋子能瞬间满足人的内心欲望。电视购物的广告容易带来视觉刺激，人便会毫无节制地买个不停。买多了不扔，自然就囤积在屋子里，变得到处都是垃圾。女性也喜欢家电产品，看到颜色可爱的新产品或者色彩明亮的家电便不自觉地想买。买过的商品也会再买第二个、第三个，父亲的房间里也有三四个同样的锅。"

上门护士的奋战

处于孤独死边缘的千代勉强从自我忽视中被拯救出来。

那天，一名男性送餐员上门时，发现千代被埋在崩塌的垃圾堆中，引发压迫性骨折，几乎无法动弹。如果一直放任不管，她可能真的会孤独死去。

"你能不能给我点水喝，把自来水倒进瓶子里也行。"

她痛苦地呻吟着，恳求送餐员给她喝点水。

"她大口大口地喝完水后，勉强清醒过来。她身体比较重，坐得太猛就直接被埋在垃圾堆里，因此也骨折了。身体不能动，皮肤溃烂，还长了压疮。当时她立刻被送往医院，但骨折治好后又回到家中，现在还在堆满垃圾的房屋里生活。"

其中最大的阻碍是她本人不觉得这样的生活有什么问题。

"我父亲也一样。房屋里堆满垃圾的人不觉得那些东西是垃圾，对他们而言，那些垃圾全都是自己的宝物。河合每天说着自己死了也没关系，肆意摄入有害身体健康的高卡路里食物。可能在她看来这才是让自己快乐的事情。但身为医务工作者，不能放任她这样下去。需要给她注射治疗糖尿病的药物，需要训练她自己学会控制。不过一切都是暂时的，最后还是要看本人的意向和想法，这才是自我忽视问题的根本所在。要促成这些，需要我们医务工作者以及其他人经常接触他们才行。"

千代的饮食习惯遭到全面否定，她变得更加自暴自弃，也经常拒绝接触他人。山下便利用她喜欢玩偶，会对着电视购物买来的玩偶说话这点接近她。谈到自己喜欢的东西，千代总是兴致勃勃的。山下通过这些零散的对话一点点获取千代的信任，对方才愿意接受治疗。

即便如此，千代还是很高兴自己能与山下建立起些微的关联。

2016 年 10 月，一处堆满垃圾的房屋里发生的火灾被大肆报道。

福岛县郡山市当地有名的垃圾屋被完全烧毁，居住在其中的男子的尸体也被发现。原本屋里就堆满了易燃物，周围一旦有火星，很容易酿成惨剧。

孤独死的人大半都处于自我忽视状态。陷入自我忽视的原因各种各样，失业、离婚、生病等，每个人都有可能遇到。所以山下从父亲悲惨的死亡中得到教训，每天为了维系起人与人之间的缘分而拼命奋战着。

第四章

即便有家人也会在屋里堆满垃圾

前文谈论的都是家庭破裂、与家人感情淡薄的人陷入孤独死的案例。但在现代日本，有的人和家人关系亲密，也依然会孤独死去，或者被逼到孤独死的边缘。这些例子告诉我们，社会不仅仅由家庭构成。

公寓里流出来的神秘液体

深红色的丰田威姿开了过来，是她熟悉的阿姐的车。她总是叫姐姐为阿姐。井上香织（化名，时年42岁）慌张地试图挡在车前。

"阿姐，等等！拜托你，不要走！"

香织用尽全力大声呼唤着，威姿的车速却丝毫未减，以惊人的速度向着香织冲过来。

坐在驾驶座上的阿姐不知为何看不清脸，也不知道她是什么表情。阿姐似乎完全没有看见香织，正加大马力朝着远方的黑暗疾驰。阿姐平常不会开到这个速度，她为什么要开那么快，她要去哪里？香织没有一点头绪。但她隐隐觉得，自己可能再也见不到阿姐了。

"阿姐，你那么讨厌我吗？你宁愿轧死我也要逃走吗……"

我会被轧到的！香织想到这里，猛地睁开了眼睛。她全身冒着冷汗，身体抖个不停。紧握着的手心里全都是汗，睡衣吸走全身的汗，变得湿漉漉的。

——她又做了同样的梦。

香织叹了一口气，看向枕边的闹钟，时间指向清晨五点。

她的大脑一片空白，忽然瞥见地板上白色的地毯清洁滚轮正随意地倒在那里。那是她在阿姐堆满垃圾的屋子里发现的，感觉还能用就带回家里来了。

阿姐现在在哪里？阿姐现在在做什么呢？

黎明前昏暗的公寓里，香织怅然地想着。

香织的姐姐井上明美（化名，时年 53 岁）失踪后，如今已过了第二个夏天。

中部地区某座城市郊外——国道边零零散散地建着家庭餐厅和药店，这幅景象在任何一个日本的地方城市都能看到。

刺眼的阳光照射在绿油油的稻田上，折射出耀眼的光芒。在路过的人眼中，这里悠闲而单调，让人有种犯困的感觉。

阿姐在三姐妹中排行老大，是一名介护福祉士①，在当地老年人医院工作了 20 年。现在单身。

明美比香织大了 11 岁。大姐年纪大，香织就称呼大姐为阿姐；二姐琉璃（化名）年纪小，她就称呼二姐为小姐姐。阿姐这个称呼也是她非常喜欢的少女漫画角色的爱称，她从刚记事的时候就一直这么叫大姐明美。

这 20 年来，阿姐似乎一直背着家人生活在堆满垃圾的房屋里。这么说是因为没有人准确知道她的家里是从什么时候开始变成这样的。

2017 年 6 月 17 日，阿姐住的公寓的管理公司打电话给担保人父亲清（化名，时年 85 岁）。清以前是高中老师，退休后每天都会去附近的图书馆读书，那天正准备开车出门。

"您女儿住的公寓走廊上有液体流出来，邻居已经投诉了，请立刻过来清理。"

打电话的男性语气有些为难。清最后一次见到明美是三个月前去看外甥太鼓表演的时候，那时明美看起来很精神，和以往没什么不同。

---

① 日本的一种特殊护理人员，主要负责照看弱势群体。

妻子和子（化名，时年 77 岁）外出了，清便给小女儿香织打了电话。

二女儿也住在市内，她婚后生了三个孩子，所以清尽量不想麻烦她。香织就没有什么问题，她二十多岁离婚后就一直单身，在民营医院里从事医疗事务员的工作，独自住在父母家附近。她休息的时候经常回来，照看年事已高的父母。

那天傍晚，香织下班后，清和香织说明情况，二人便前往阿姐的公寓。她的公寓外墙铺设着石砖，距离父母家有十五分钟车程。

最近他们没有进过阿姐的公寓，但每年全家出去旅行和聚餐时，家里人都会把阿姐送到公寓门口，所以全家人都知道怎么去阿姐的公寓。这栋钢筋混凝土的公寓共有四层，建于 1997 年。

阿姐的房间在一楼的角落。

他们首先看到的是房间入口处附近呈放射状扩散开的液体。

液体像打翻了的酱油一般漆黑，从大门下窄小的缝隙中连续不断地流出来，一直流到公共走廊的水泥地上。

液体如焦油一般黏稠，不知道是油还是血，香织和清都没有头绪。

父女俩直觉事情不妙，便先回家一趟去取清扫用具。二人带上水桶、抹布和钢丝球慌慌张张地回来，不停地擦洗着那不知为何物的液体。但无论用什么洗洁剂，都无法去除果冻状的黏稠液体。

在此期间，香织不停地给阿姐的手机打电话，但一直转到语音留言，也不知道她在不在房间里。她给阿姐工作的医院打电话得知，阿姐昨晚上的是晚班，早上就离开了，而且第二天（也就是 18 日）没有给她排班。

天已经完全黑了，他们决定明天再来清扫公寓。

——一直联系不上阿姐，她很有可能倒在房间里。

香织和父母有这种预感，次日（6 月 18 日）早上便前往最近的派出所报案。警察听取他们的说明，觉得可能事态紧急。中午刚过，两名刑事科的警察和管理公司的员工就来到公寓，与一家人会合。

管理公司的员工把钥匙交给警察。管理公司说，这种焦油一样的液体从黄金周①的时候开始就慢慢流了出来。周围居民看不过去，便找管理公司投诉，但他们打了好几次签约租户的电话，都联系不上。最后实在没有办法，只得打电话到担保人清的家里。

警察将备用钥匙插进钥匙孔中准备旋转开门，大门纹丝

---

① 日本的"黄金周"指从四月底到五月初的节假日。

不动，似乎有股强大的力量从对面压过来。

为什么开不了门？众人百思不得其解。看向阳台附近的玻璃窗，只见条纹窗帘似乎被什么物体从里侧压制着，紧紧贴至玻璃窗的上部。身材匀称的警察似乎想到了什么，自言自语道："看来攒得挺多。"

转了好几次钥匙，喊了好几次口号，最后警察终于把门打开了。面前出现的情景简直令人难以想象。

花花绿绿的垃圾一直堆积到成年人的胸口那么高。

在警察打开门的瞬间，垃圾就像大坝决堤那样猛烈地崩塌下来，简直像是面对突然出现的侵入者进入攻击状态的怪物一般。

母亲和子在后面也瞥见一点，可她一看到门那边的景象，便因为过度震惊瞬间有些发晕，意识飘向远处。她膝盖发软，全身颤抖不已，腰部也没了力气，一下瘫坐在地。

——明美真的每天回到这里睡觉吗？为什么我没早点儿注意到？对不起，对不起，对不起……

她心里这么想，却怎么也说不出话来，只能发出呜咽声。

这个瞬间，和子感觉眼里原本五彩斑斓的世界突然变得灰暗无比。那天的记忆也变得断断续续，只能记得一些片段。

和子实在难以接受面前出现的场景。

香织看见母亲的样子，觉得不能再让她看下去，便拽着清的手臂说道："带妈妈去车上！"清也如泥人一般呆滞地离开，似乎没有听到香织的声音。

留下纸尿裤和用完的卫生巾，人却失踪了

进入房间，能隐约看见垃圾堆深处的蓝白条纹窗帘，看起来已经紧闭了几年甚至几十年，空气仿佛都停滞了。稍微习惯这个画面后，能看到窗帘上方还留有大约五十厘米的缝隙，从那里照射进来一丝微弱的阳光。借着那缕光，警察将深蓝色的长裤卷到小腿附近，继续向前行进。

在堆积的垃圾堆中缓慢前行时，不时传出踩在塑料上的声音，仿佛小动物的叫声一般。

大门左手边是带灶台的厨房，右手边是卫生间。厨房旁边是八叠①大小的起居室。整体的户型是约三十平方米的一室一厅。即便如此，警察依然像是在未知的洞窟中探索。

带手电筒的警察打头阵，众人一起在几乎完全黑暗的空间里缓慢前进。厨房的地板有一部分已经腐烂，塑料伞粘在地上，估计也是因为从大门中流出的黏稠液体所致。

走在垃圾堆中，感觉里面泥泞得如同热带沼泽。可能因

---

① 约13平方米。

为常年关着窗户，屋里的水汽如同湿地里的一般，周围笼罩着令人不安的平静。警察慎重地寻找下脚处，探查着周围的环境。

厨房不过五叠①大小，几乎将人淹没的垃圾就堵塞得人无法前进。

众人先看到的是大量如积雪般覆盖在垃圾堆顶部的用过的纸尿裤。纸尿裤的中央已经变成棕色，一部分已经扭曲，它们散发出令人难以置信的恶臭。

用过的纸尿裤也堆积在厨房的水槽上。放的时间太久，纸尿裤吸收污渍的中央部分的纤维已经脱落，有的则完全裂开，露出沾满棕色污渍的棉花，已经判别不出上面是尿液还是粪便。这些纸尿裤肯定已经放置很长时间了。

厨房里放着双开门冰箱，没有被垃圾淹没的那部分白色涂层已经脱落，正面是锈迹斑斑的金黄色。

里侧的门左边有一个小小的鞋柜，旁边放着深蓝色的洗衣机。洗衣机旁狭小的缝隙里，比纸尿裤小一圈的化纤布料堆积成山，原来是几百个用过的卫生巾。

卫生巾的中央已经变成红褐色，贴在内裤上的那一面都黏糊糊地粘在墙上，像在宣告这里是它们的地盘。它们堆积

---

① 约8平方米。

成一米高的缓坡，就像白皑皑的雪山的斜坡一般紧紧靠着洗衣机。旁边掉落着帮助女性阴部止痒的药剂以及软膏。

阿姐每天穿着纸尿裤生活，可能阴部也会发炎发痒。香织想到这里，胸口不禁一紧。

纸尿裤下方胡乱塞着皱巴巴的背心等衣物、洗洁剂、果汁盒、卫生纸，甚至还有彩色纸板，它们组成了垃圾堆的中间部分。装在便利店塑料袋里吃了一半的盒饭、受潮的硬纸板、藤编野餐篮、行李箱、水桶和开水壶则被随意地埋在垃圾堆顶。下方露出印着"大王牌安心夜用护垫"的塑料袋，里面装着还没有用过的成人纸尿裤。另外还有粉色和浅蓝色的洗衣篮，里面装着存折等贵重物品以及看起来像是阿姐平常背的包。

香织挪开垃圾，掀开洗衣机盖子，只见里面放着湿漉漉的医院的工作服。看来阿姐不久前还在这里清洗衣物，去医院上班。浴室里浴缸的盖子上已经完全被塑料瓶和用过的纸尿裤等垃圾填满，超市副食品的泡沫包装盒一直堆到天花板。

好不容易走到隔在起居室和厨房中间的拉门处，打开门一看，墙纸像被泼过棕色墨水一般，密密麻麻地布满直径约两毫米的斑点。

这些应该是蟑螂的粪便。可能因为吸收了大量的湿气，墙纸的各个角落都已经泛黄翘起，露出后面灰色的水泥墙。

天花板上的空调附近垂着吊床一般的蜘蛛网，棕色的巨大蜘蛛无声地在天花板附近爬来爬去。

走进八叠大小的起居室，在这片垃圾堆上能看到日常生活的痕迹。只有这里的泡沫盒被压缩成通常大小的几分之一。

"井上小姐，你在家吗？"

警察大喊着向前走，在垃圾堆的中央发现一个漏斗状的圆形低洼。

香织觉得，阿姐肯定昨天还在这里生活。她应该已经在垃圾堆中生活了至少几年，再从这里去医院上班。

这么糟糕的情况，她肯定很难向任何人开口。抱歉，我一直都没有发现。

想到这里，香织心中发紧，几乎要哭出来。

越向起居室深处走去，食物的残渣就越多，有便利店盒饭的包装盒、超市副食品的塑料盒、咖喱饭的包装盒、饮料杯，等等。

在这些不可燃垃圾堆的顶端，忽然出现了一个黑色细长的全新高压清洗机，宛如冠军奖杯一般耸立着，散发出与周围完全不同的气息。为什么需要高压清洗机？阿姐买高压清洗机的时候在想什么？香织与和子完全没有头绪。也许她想用来清扫脏污的水泥地，可看起来没有使用过的迹象。

窗边的窗帘杆上挂着衣架。阳台一侧的垃圾高高堆起，距离天花板仅仅一米。不知为什么，垃圾堆中露出看起来从未使用过的床垫，红色花朵图案的床垫被叠成了三折。

但最关键的阿姐却怎么也找不到。

卫生间的观叶植物传达的信息

"堆了那么多垃圾，应该有段时间没在这里住了吧。"

警察拨开垃圾堆，喃喃自语道。估计他觉得人很难在这里居住。

家里每个人看到这个房间，都这么希望。毕竟大家实在不愿意相信阿姐是在这样的环境下生活。

好不容易挪开垃圾，打开卫生间的门。马桶似乎几十年没有清扫过，如同旧废油桶一般变得黑漆漆的。马桶的排水口也堵着装满垃圾的塑料袋，周围塞满了用过的纸尿裤，一直堆到马桶座那么高。

洗手池上放着仿真绿萝，上方的橱柜上放着仿真仙人掌和人工观叶植物，上面都落满灰尘。旁边放着卫生间清洁剂的塑料盒。房间如此脏乱，马桶盖上却盖着奶油色的毛圈布马桶盖，感觉不太协调。

香织猜测，人工观叶植物应该是在房间堆满垃圾之前就摆在这里的。看来阿姐至少有段时间会用观叶植物装饰卫生间，会清理马桶四周。这幅景象令她猜测，阿姐应该也有过一段正常的生活，后来可能发生了什么异变，阿姐的心境也改变了。

和子回想起阿姐住进公寓时的情景。

没错，和子和清还记得自己与香织一起来过这栋公寓，就在 20 年前阿姐搬进来不久之后。

可能因为刚开始独居生活比较兴奋，阿姐很快就邀请大家来做客。当时公寓刚建成不久。

那时，阿姐把家里装饰得十分可爱，小小的矮桌上摆满了她亲手做的午饭。所以和子和香织怎样都无法把那个房间和现在如同垃圾场一样的房间联想起来。

现在她们眼中的世界犹如噩梦一般缺乏真实感。

家人的纪念品变成垃圾

和子在垃圾中发现了一个眼熟的小盒子。

全家人在三个月前还一起开过生日会。清、香织和明美的生日都在三月，大家一起去了当地的日本料理店，和子给三个人都送了礼物。

当时和子送给明美的巧克力的盒子正埋在阳台附近的垃圾堆里，已经被压扁了。

还有其他不少和子眼熟的东西。大门口鞋柜上的时钟摆件就是阿姐在短期大学的毕业作品，棕色外框的透明盒子中，装着秒针已经停止转动的时钟、蓝色的浇水壶和一个小小盆栽模型。仿佛时间也停止了一般，摆件就那么孤零零地摆在那里。阿姐搬进公寓后，和子把它带了过来。

结果，阿姐不见了。一家人在房间的门上用胶带贴了一张纸条，上面写着："我们没有你的消息很担心，拜托你和我们联系一下吧。"住在公寓对面的房东说，警察18日来后的当晚，他看见阿姐房间的灯亮了。阿姐那天应该就是看到全家因为担心她而留了纸条，才慌忙带着贵重物品离家出走的吧。她看了房间肯定就知道警察来过。

阿姐肯定不想让任何人知道自己的房间堆满垃圾。现在家里人已经知道，估计她也没法留下来了吧。

19日早上八点左右，阿姐给父母家里打了一通电话。阿姐用无力到似乎马上就要消失的声音对接电话的清道歉："抱歉，让你们担心了。"清一句话也没有提房间的情况，只是温柔地对阿姐说："先回家一趟吧。"但阿姐说了句："我身体不好，回不来，医院那边也请假了。"然后她就立刻挂了电话。

这就是清与阿姐最后的交谈。自那以后，阿姐似乎关闭了手机电源，无论家里人怎么打电话都无法接通。那天下午，清和香织在附近的购物中心寻找阿姐，但没有看到她的身影。

20 日，香织从早上五点起就在阿姐工作的医院停车场等候，那天应该是阿姐正常上班的时间。可等来等去阿姐都没有出现在医院。全家人觉得情况非同小可，当天便报警寻人。

自那以后，阿姐就突然从那个房间和家人的身边消失了，也不再去工作的医院上班。

到了六月下旬，为了不让公寓的房间继续堆满垃圾，家人和清扫员一起开始收拾房间。清扫过程中，香织不经意地询问男性清扫员："你见过这样的垃圾堆吗？"男性可能顾忌委托人的心情，苦笑着说："我已经习惯了。"

穿着长靴的男人们公事公办地默默搬运着垃圾，他们将墙壁上贴着的满满的卫生巾撕下来。香织不禁移开视线，她无法正视这个场景。

——抱歉，我让男性做这些事情。

想到这些，她心里又是一紧。

最后，阿姐家里运出来的垃圾总共达到了七吨以上。

清扫员在清扫的过程中，发现了 6 月 20 日过期的便利店盒饭的盒子，那天正是阿姐失踪的第二天。这说明阿姐最近确实就生活在垃圾堆之中。公寓的合约于七月结束，房间将在重新装修后出租。

阿姐就这样忽然从这个房间和工作的医院消失了。

失恋与堆满垃圾的房屋

"请把阿姐堆满垃圾的人生报道出来吧。"我收到香织的邮件时是六月初，距离这场骚动刚好过去整整一年。我以前在网络上写过不少有关自我忽视的报道，香织也在邮件里写了看过这些纪实报道的读后感。那篇报道写的是一对常年生活在垃圾屋里的母子，当时引起很大反响。

香织在邮件中写道，她的姐姐已经失踪一年，她希望我能和他们一家人谈谈，尽量把内容报道出来。和她用邮件沟通的过程中我了解到，他们全家都因为阿姐的事情，每天过着惶惶不安的日子，她也希望能借此改善一下这种状况。

因为香织迫切的恳求，2018 年八月上旬，我来到一家人居住的中部地区某市。之前和香织通过好几次电话，不过那天是我第一次和她见面。

香织在车站的转盘处^①等我。她不仅声音动听，看起来也是位和蔼可亲的女性。她长着一张娃娃脸，年轻得远不像 42 岁，身上黄褐色的针织无袖连衣裙与她娇小纤瘦的身材十分相称。

---

① 指为缓解交通压力而在道路交叉口位置设置的圆形缓冲地带。

坐进香织的车里，我们前往阿姐工作了二十多年的友爱医院（化名）。

一路上，香织不停地说着，似乎想把一直积压在心中的话都一吐为快。她想知道阿姐的房间堆满垃圾的原因，她把有关自我忽视的书都读了个遍，她担心年老父母的心理状态，还有一直没有找到姐姐的忧虑。

那年正好出现近年来罕见的异常天气，连日来的酷暑几乎让人崩溃。一望无垠的蓝天下，灼热的阳光无情地照射在发动机盖上。香织戴着一直遮到手指的袖套和黑色的太阳镜，握着方向盘。车里的空调已经开到最大，香织的额头还是渗出一丝汗水。

从公寓到阿姐工作的友爱医院开车大约需要十五分钟。行驶在国道上，能看见附近零星排布着影城和大型洗浴中心，丘陵开垦后种植了橘子。友爱医院就是山顶上竖着招牌的白色水泥建筑。听说友爱医院还为投保护理保险的老年人设置了疗养病房，为患有慢性病的老年人提供一百多个床位，是地方城市常见的普通老年人医院。

在医院停车场下车，就能感受到温度极高的柏油路面散发出的热气和强烈的反射光。在外面停留几分钟，就感觉皮肤仿佛要被烧焦一般。

阿姐从 29 岁开始在这家医院工作，到 2017 年 6 月失踪为止，22 年来她从未间断工作。医院分为接收外来患者的主楼和位于主楼后方治疗阿尔茨海默病的西楼，阿姐主要在西楼工作。阿姐在 29 岁取得护理员资格证后开始工作，38 岁时取得介护福祉士资格证，之后一直负责老年人的娱乐活动。

6 月 20 日报警寻人之后，香织与和子来到友爱医院说明阿姐失踪的情况。阿姐的上司是人近中年的护理部长，对方震惊地回答道：

"井上工作认真，从来没有请过假。而且她能上夜班，实在帮了医院大忙。没想到会发生这种事。"

能上夜班的介护福祉士在小地方非常宝贵，毕竟有家庭的人不愿意上夜班，所以单身的阿姐在医院很受重视。她平常工作努力，衣着整洁，身上也从未有过臭味。

阿姐不在后，没有人能独自顶替夜班，护理部长对母女俩略有怨言。香织与和子只得低下头。

"我好像听人说过，井上和我们医院的一名男性感情破裂后开始暴饮暴食。"

香织不清楚她说的事情，但旁边的母亲立刻变了脸色。香织觉得她心里应该有点头绪。

"她就是因为被甩了，家里才堆满垃圾的吧？"母亲问道。

香织也紧紧盯着护理部长。护理部长态度含糊，歪着头说：

"但那已经是很久之前的事了，大概有 20 年了？现在应该没有什么人还记得。"

那就是阿姐三十多岁时的事情。香织还想问详细一点，母亲可能顾及阿姐突然失踪给医院添了不少麻烦，便阻止她继续询问，香织便没能问下去。

家人发现真相

下午，我和香织来到了井上家。井上家是一栋两层的独栋建筑，位于大山斜坡下的一角。大约 50 年前，县里的住房供给公社在这里开发建造了新兴住宅区，大张旗鼓地销售出去，井上一家在住宅区算是比较年长的居民。以前到了傍晚还能听到孩子们的声音，如今随着老龄化的推进，周六中午都安静得没有一丝声音。

清与和子在大门处迎接我们。清满头白发，整个人看起来十分安静。他有些驼背，步伐不太稳当地给我们带路。

"今天很热吧，请进。"

和子的语调坚定而欢快，声音十分柔和。

进入大门后穿过走廊，我来到了八叠大小的起居室，里面放着大屏幕电视和电话。拉门另一侧的房间是书房，清似乎平常都坐在电视机正对面的书桌旁。清在电话旁的坐垫上坐下，他接到管理公司的电话时应该就坐在这里。

日式房间外的走廊那边随风传来一阵风铃声。

"我当时看到那个房间时，腿都在发抖。为什么我没有早点儿发现呢？身为一个母亲，实在接受不了这件事。现在想起来，那个瞬间我眼前都是灰色的，也只记得一些模糊的重影。"

和子忍不住流下眼泪。我喝了一口他们给我泡的茶。

"我们以前从没听说过什么垃圾屋，但得知女儿的现状还是吓了一跳，实在没法把女儿和她住的地方联想起来。我们想知道明美为什么会变成这样。"

看到妻子说不下去，清便接过话头，用沙哑的声音开始说。

清在阿姐失踪后给她发过好几条信息，都存在他的手机里，内容令人悲恸欲绝。

"明美，你现在在哪里？大家都很想你，我们真心希望你能回到大家身边，我相信你能理解我们。我现在无论是身体还是精神上都越来越老、越来越虚弱了。"

"明美，让我们看看你吧！求求你！！"

但是，一年过去了，他的信息至今没有收到回复。清一直在等候着阿姐的回复，但我觉得，既然家人已经知道阿姐的房间里堆满垃圾，说不定这些信息她连看都不会看。就算看到，可暴露了那么大的秘密，她也不知道应该如何面对家人。如果我是阿姐，我感觉我无法回复这些信息。

沉迷于自我提升集会

阿姐是在 4 岁时从出租屋搬进现在这栋房子里的。清以前是定时制高中①的老师，和子是他的学生。清被课堂上勇于表达观点的和子吸引，在和子毕业一段时间后向她求婚。结婚时和子 23 岁、清 30 岁，次年阿姐出生。

和子是附近医院的护士，不知为何在医院感染上了结核病。因此，阿姐出生后半年，一直都是清照顾阿姐。白天清把还是婴儿的阿姐寄放在父母家，自己出去工作。休息时，清早晚给阿姐喂奶、换尿布，细心照料她。

可能因为清亲手带大了阿姐，三姐妹中他也特别疼爱大女儿。

阿姐不怎么喜欢学习，却也不会主动偷懒，是个大方稳重的女孩子。升入当地中等水平的公立高中后，她又进入短期大学的设计专业读书，可能是受到她自小就喜欢的少女漫

---

① 日本的定时制高中除了有全日制高中的功能外，还提供夜校等较为宽松自由的学习方式。

画的影响。香织悄悄告诉我，阿姐初中时就加入了绘画社团。其实，阿姐堆满垃圾的房屋中，被埋在下面的半透明盒子里装满了漫画家萩尾望都的作品，比如《死神之吻》《荒芜世界》《天使心》《半神》等。香织想留下一些阿姐喜欢的东西，她在垃圾堆中发现它们时就带回了家。香织看起来很高兴，我却在意阿姐把那么喜欢的东西当作垃圾放任不管。

阿姐在短期大学的设计专业学习油画，之后进入当地一家销售床上用品和杂货的中小企业从事事务性工作。和子还给我看了当时的相册。

只见一名身穿淡蓝色制服的纤瘦女性正拿着自动铅笔满脸认真地看着面前的笔记本，桌上放着电话和笔筒，能看出来是她所在的公司。下面一张是员工旅行时在雪山前的合照，身穿滑雪服的阿姐满面笑容。

旁边是三姐妹野餐的照片。照片中阿姐的眉眼与和子极为相像，美丽的黑发梳成马尾辫。她穿着白衬衫和牛仔裤坐在野餐垫上，面前摆着三层野餐盒，正高兴地笑闹着。

阿姐的人生在 28 岁时突然发生变化。她受朋友邀请，开始沉迷于自我提升集会。

正好就在那个时期，奥姆真理教 [①] 制造了松本沙林毒气事

---

① 日本邪教组织。

件①，媒体对聚众集会正颇有微词。

父母对此非常不安，询问过阿姐好几次自我提升集会与奥姆真理教是否有关系，阿姐坚称和奥姆真理教无关。

和子表示，沉迷于自我提升集会的女儿仿佛变了一个人。

"她半夜还在和自我提升集会的朋友大声打电话。我去提醒她，她反而喋喋不休地问我，为什么常识那么重要，说我总是反对她做的事情，好像整个人都不一样了。她说自己没有自信，想改变一下自己的性格，不想那么老实认真，想变得更强势一点，想成为一个勇于表达自我的人。"

全家人都很担心沉迷于自我提升集会的阿姐。清深知强行阻止反而会加深她的执念，便决定静观其变。

于是，清拼命读书，试图找到说服阿姐的证据。

"自我提升集会就是挑战自我，改变自己的界限和缺点。它的主张是个人的能力有限，但通过在集体中训练就能克服困难，改变自己的性格。女儿没有自信，她想变得更强势一点，可能还是因为有些寂寞吧。"

父亲的说服有了成效，阿姐从自我提升的热度中冷静下来，保持了一年多时间。

---

① 1994 年 6 月 27 日傍晚至 6 月 28 日清晨，奥姆真理教教徒在日本长野县松本市北深志的住宅街内散布沙林毒气，导致 8 人死亡，超 600 人受伤。

就在那时，阿姐工作的公司经济效益不好，大批裁员。阿姐和公司里的好几个人都被解雇，成了无业游民。她整个人突然被抽空了，每天一动不动地在家里发愣，似乎失去了活下去的目标。

清非常担心阿姐，便劝她参加市里举办的护理员资格讲座。后来，阿姐就在 29 岁时来到友爱医院工作。

阿姐在新的工作岗位上十分积极。她负责医院的娱乐活动方面的工作，每天都惦记着病房里的老年人。

"妈妈，病人怎样才会高兴起来？他们喜欢什么呢？"

阿姐回父母家的时候总是与和子讨论这些。

在堆满垃圾的房间里，和子发现了一卷绘图纸，上面用蓝色的马克笔画着大幅插画，有绣球花、鲤鱼旗、樱花和金太郎。这幅画应该就是擅长绘画的阿姐所画，估计是最近医院里面老年人的娱乐活动中用过的道具。

从自我提升集会到宗教

在友爱医院工作的阿姐看起来和以前截然不同，过得十分充实，但这样的生活没能持续太久。

没过多长时间，她在当时上司的引荐下开始信教，沉迷于宗教活动。阿姐信奉的是以静冈县为据点的日莲正宗，休息日她会和医院的同事一起去富士山脚下的宗教场所修行一整天。

和子至今还清楚地记得，阿姐兴奋地说，别人说很少见到她那么虔诚，还说只要放下疑虑，诚心念佛就会得到引领。

阿姐可能在别人需要自己的时候才会感到快乐。她只有在静心念经时，才能忘记自己的存在。

清与和子在阿姐过分热情的邀请下，去过好几次宗教场所。清知道新兴宗教对新信徒的数量有指标要求，也知道阿姐有负担，他一直在寻找方法让阿姐脱身。但阿姐在家时也诵经，还经常劝说清与和子信教。

她说希望爸爸妈妈也能信教。

清与和子拒绝了。

阿姐遭到拒绝后，在那栋公寓里开始了独居生活。这件事没有让亲子关系恶化，因为父母就像她沉迷自我提升集会时那样，没有强烈挽留满怀热情的阿姐，依然静观其变。阿姐刚搬进公寓后，他们还亲自前往看望，当然那时房间还很整洁。

阿姐沉迷宗教的时候，还被在同一家医院工作的男性信徒吸引，也就是之前护理部长提到的男子。

和子至今还能回忆起那个男子。

有次阿姐还邀请和子去他家里，和子看到阿姐一副俨然他恋人的样子，吃惊不已。

"我去他家里时，发现他在用奥姆真理教那种盘腿的姿势修行。我自己很吃惊，但女儿一副准新娘的样子，仿佛就像是男子家里的一员。虽然有信教方面的原因，但女儿和对方父母相处得也很融洽。回来的路上他说他会好好对待女儿，我也说女儿就拜托你了，之后我就回去了。"

男子的父亲去世时，阿姐还去帮忙了，当时和子还和清讨论要不要送帛金。他们的关系已经好到连家里人都误以为阿姐和他是恋人。

香织回忆起当时阿姐的心境。

"阿姐心里应该把他当作家人来相处了，而且已经得到对方家人的认可，感觉迟早都会结婚。身边有喜欢的男性，还有自己虔诚信奉的宗教，可能这就是阿姐最希望得到的幸福。"

当时阿姐31岁。一过30岁，周围人都慌慌张张地结婚了。正如香织所说，阿姐肯定也想到了结婚。

但她的计划被残忍地破坏了。就在和子去过那个男子家中一年后，阿姐突然喃喃自语道：

"妈妈，那个人问我要不要和别人结婚。他明明知道我的心意，实在太过分了吧？"

又过了几个月，和子突然问起阿姐和那个男子的事情，阿姐给出了一个令和子几乎怀疑自己耳朵的答案。

"对了，你和他怎么样了？"

"他还在医院。"

"现在单身吗？"

"没有，他和其他人结婚了。"

阿姐低着头，用有气无力的声音对和子说。

和子不知道应该怎么回答。那也是阿姐最后一次对和子谈起那个男子的事情。

和子吐露自己当时的心情：

"她太惨了，明美在一帆风顺的时候突然被人从悬崖上推下去。不仅和那个男人的关系破裂，还有宗教的指标压力，从那时起她的痛苦就开始了吧。我不想说别人的坏话，但我和护理部长的看法一样，明美会变成这样，能想到的原因只有失恋。既然连护理部长都知道，整个医院应该也都传遍了，明美肯定在意周围人的眼光。"

心仪的男性和同医院的女性结婚，只有阿姐一个人被剩了下来，伴随着医院的传闻……

"她变得越来越胖，上夜班让她体力不支，女儿在身体和精神上忍受着双重的痛苦。在各种重压下，她每天都过得很辛苦吧。身为父母，我却没有注意到。现在想来，实在心痛。"

既然传闻已经扩散开来，她本可以辞去医院的工作，阿姐却没有辞职。她可能考虑到自己的年龄无法轻易更换工作。

无论怎样，阿姐这 22 年来一直继续在友爱医院工作，没有一天无故缺勤，每周还上好几天夜班。说得好听就是她非常勤奋，从雇主的角度来看，用起来顺手。

让她失恋的男人之后过得怎样不得而知，可阿姐每天过得半死不活的，内心逐渐被侵蚀。曾经心仪的男性和他的妻子就在医院里，阿姐每天是怀着怎样的心情去上班的呢？想到这里，我的心里不禁一阵绞痛。

自我忽视的征兆

最先注意到阿姐家里可能堆满垃圾的人是和子。十几年前，和子要去冲绳旅游，便想向阿姐借一个合适的箱子。阿姐给了她一个蓝白条纹的行李箱，和那个窗帘的图案很像。

"当时我就觉得那个箱子有点臭，但毕竟是我向她借的，也不好说什么。我想放在走廊里在太阳下晒一晒，但臭味怎么也去除不掉。我还记得我想过她到底把箱子放在什么地方了。"

真正产生怀疑是在 2010 年春天，井上家接到了管理公司的电话。

管理公司的员工告诉香织，阿姐阳台上的垃圾太脏了，希望她能处理一下，但他们联系不上阿姐。香织立刻联系了阿姐，还问她要不要自己帮她收拾。阿姐表示不用，她能自己清扫干净。这件事就到此为止了。当时，家里人谁都没想到阿姐的家里已经堆满了垃圾。

然而，直到家里人发现阿姐家里堆满垃圾时，他们才知道，当时阿姐根本没有清扫，最后还是管理公司的人打扫干净的。

阿姐在阳台垃圾事件发生后第二年，也就是 2011 年时，她在医院突然对护士说自己胸口痛，被救护车送往心血管专业医院，后来又紧急转入更大的医院。经查是她腿部的血栓转移到肺部，引发了肺血栓栓塞症。原因明显就是肥胖和作息不规律。

2011 年，阿姐暴饮暴食后变得肥胖，被紧急送往医院。当时她的体重已经超过了 100 公斤。健康检查的资料显示，近几年没有体重减轻的迹象。阿姐住院时，主治医生面色严峻地对和子说："她如果再保持现在的饮食习惯，生命都有危险。"

和子与香织对阿姐说过好几次肥胖会危及性命，可阿姐总是一副事不关己的态度。

阿姐可能觉得自己就这样因病而死反而更轻松。香织回想起当时的情景如此感觉到。

结果，阿姐一个月后出院，之后体重完全没有减轻的迹象。

阿姐所在的医院给香织送来的诊断报告上显示的病名为肺血栓栓塞症、下肢静脉血栓、高血压与肥胖。阿姐自住院后，每隔两个月会去一次医院接受药物治疗。

如果在汽车里或者网吧中生活，血栓症极容易复发。一旦终止服药，症状便会恶化，甚至危及生命。阿姐失踪后如果一直住在车里，还中断服用药物，就会有生命危险。

香织还记得全家出去旅行时，阿姐在半夜发出痛苦的呜咽声。

阿姐经常感到呼吸困难，稍微走两步就喘不上气，连走到附近的公交车站都极为痛苦。和子也非常担心女儿持续增长的体重，却不好意思指出这一点。

她只能委婉地提示道："尽量自己在家做饭，吃点有营养的食物。"但从房间的垃圾状况来看，当时阿姐房间的厨房应该已经被垃圾淹没，无法在家开火。

埋在垃圾堆中的相册如实展现了阿姐的变化。

打开阿姐20岁至30岁时期的相册，只见她穿着蓝色的围裙，戴着白色的护理帽，正弯下腰和同龄的同事一起向着相机微笑。

下面一张应该是立春时娱乐活动时的照片，身穿白衣的阿姐正笑着看向装扮成恶鬼敲打太鼓的工作人员。相册中的阿姐涂着口红，对着相机露出明艳的笑容。

写着31岁的照片应该是在朋友的结婚典礼上拍的，阿姐束起黑发，身穿红色花纹的振袖和服。阿姐是单眼皮，又是溜肩，非常适合穿和服，给人一种大方稳重的感觉。

当时阿姐的体形还算纤瘦。从 33 岁医院大巴旅行的照片开始，阿姐逐渐开始长赘肉，变得圆润起来。能够看出，从 31 岁至 33 岁两年间，阿姐的身上肯定发生了什么重大变化。

就在同一时期，阿姐把束起来的美丽黑发剪成波波头。为什么阿姐要把那么长的头发剪短呢？

剪成短发后的阿姐经过十年左右的时间，逐渐变成了如今危及性命的肥胖体形。

2002 年阿姐与井上家二女儿琉璃以及她的宝宝合影的照片中，阿姐穿着背心，能看出她的上臂和脸已经开始发胖，当时她 37 岁。2006 年，阿姐 41 岁，体形已经膨胀成以前的两倍。

据我自己的猜测，阿姐从 33 岁发胖起，就应该渐渐在房间里堆积垃圾了。

阿姐不知从何时起，与朋友也断了联系。

"你今年的贺年卡寄了吗？"

年末最忙的时候，和子询问过阿姐。她回道："我已经不寄了。"和子当时也没有在意。从那时起，阿姐似乎就没有和朋友出游或者交流的迹象了。

和子从垃圾中找到数十张贺年卡。

贺年卡上写着 "HAPPY NEW YEAR"，上面是身穿蓝色婚纱、手捧白蔷薇花束的新娘，旁边站着一脸温柔的新郎。

还有的贺年卡上印着满脸笑容的孩子。过了30岁，单身时一起玩耍的伙伴都结了婚，贺年卡上大多数都是孩子的照片和结婚典礼上的照片。

阿姐看到贺年卡上年年增加的幸福全家福时，究竟会怎么想呢？自卑、痛苦，还是羡慕呢？

其中有一张写于1999年的贺年卡，阿姐当时33岁。对方似乎是她在自我提升集会时交到的朋友。阿姐写了收件人和住址，却没有投递进信箱。

阿姐可能这时已经在犹豫要不要放弃了。从她的日程本来看，33岁后就不再有和朋友相关的日程。

从阿姐堆满垃圾的房间中，香织还在塑料和垃圾下发现了一个深褐色的古旧佛龛，正是阿姐沉迷宗教时遗留下来的。昏暗的公寓中，窗帘紧闭，33岁的阿姐独自一人将一切都封印起来，也开始将一切都舍弃。

这个房间里装满了自己与曾经倾心的人之间悲伤的回忆。环顾四周，还有陪伴她一起诵经的佛龛镇守在此。

她不想看到任何东西，不想有任何感觉，想把一切都忘记。

随着时间的流逝，曾经与倾心的男性共同信仰的宗教的佛龛已沉睡在塑料和垃圾之下，似乎那段痛苦的回忆也被封存起来。她就这样蜷缩在不被任何人打扰的、只有她一个人的城堡之中。

阿姐通过进食来忘记这些悲伤。汉堡店、烤肉店、寿司店、火锅店……香织在阿姐的房间里找到无数张餐馆收据。厨房已经无法开火，房间也逐渐被垃圾占据，浴室不能再使用，卫生间也被垃圾淹没。

她绝对不能让家人知道这些，所以阿姐在家人发现真相时逃走了，似乎想将所有过去都甩在身后，一路狂奔。

阿姐不是个有心眼的人，性格非常认真。所以她过得再辛苦，也不会想到辞职。她生活在堆满垃圾的房间里，常年无休地去上班。因此，周围人才没能发现她的家里已经堆满垃圾。

她是一个认真、活得有些笨拙、不擅长表达自己的女性，她的内心在长年累月之中，逐渐被黑暗笼罩，正如乌云侵蚀着蓝天一般。

只有在垃圾中才感受不到痛苦

我以前去过和阿姐的垃圾屋类似的女士家中。对方是居住在东京市内公寓的八十多岁女性低保户，家中堆满了纸箱、衣服等垃圾。

那位女士原本是女装店的店员，在战后惊涛骇浪般混乱的时期存活下来。她是家里八个孩子中的长女，为了赚取弟妹们的学费，拼命赚钱工作。

她性格稳重，为人温和。但她也和阿姐一样，为了逃避，不断寻找自己的归宿，去过各种各样的宗教场所。

我表示想去她家里看看时，她毫不犹豫地同意了，甚至为了我和她在家中的见面，特地花费本就不多的钱去美容院美发。

她生活艰苦，却把区政府发给她的压缩饼干分给我吃。她的房间和阿姐的房间非常相似，窗帘紧闭，一片黑暗。那位女士的房间在郊外住宅区，位于一栋两层楼建筑的角落，浴室和卫生间都堆满衣服和垃圾无法使用。

厨房里各有两台微波炉和烤箱。我觉得奇怪，便询问她原因。她说周围邻居投诉她，导致政府工作人员来过好几次，每次都会强行没收她的所有财物。她内心不安，便至少在家里常备两台。这些家用电器似乎都是她从附近的垃圾场捡回来的。

到了晚上，能听到蟑螂和老鼠来回徘徊的声音。房间里没有地方能坐，她便躺在衣服和塑料堆积起来的斜坡上。这里是她的归宿，是唯一令她安心的避难所。

我也试着像她一样躺在垃圾上。周围堆积着塑料和衣物，人像婴儿那样蜷曲起身体，居然感受到一丝温暖，如同鸟巢中被保护的雏鸟一般，和小时候过家家睡在纸箱房子里一样舒服。

我忽然想到，阿姐每天睡在垃圾堆中时，会不会也有同样的感受？

阿姐应该在 2011 年左右开始使用纸尿裤。香织在阿姐的房间里找到了她的日程本，2011 年 12 月 30 日写着：购买 Lifely 牌纸尿裤。看她以前的日记没有写过纸尿裤相关的内容，估计是住院时用过纸尿裤以后，在家也开始使用了。

次年，2012 年的日程本中，她在今年的目标里写道：减肥三公斤，清理房间。阿姐在房间里贴着纸尿裤度日，同时却拼命想重振自己的生活。

香织在日程本里发现了一张便条，上面写着：身高 175 厘米，运动员，45 岁，结婚。这张便条可能是恋爱占卜之类的结果。阿姐每天埋在大量垃圾之中，依然幻想着遇到理想中的男性。

和子看着日程本，脑海中闪过自己在电影院看过的电影《被嫌弃的松子的一生》。电影讲述中学老师松子从小没有感受过父爱，因包庇学生盗窃而失去工作，爱情也走向下坡路的故事。原本纤瘦的松子开始发胖，腿脚也不便，家里堆满垃圾。即便如此，她依然倾心于人气男子偶像团体成员，但这份恋情终究无法成真。她开始使用暴力，日渐遭到周围人的孤立。53 岁时，她在河边被少年袭击，尸体被人发现。

和子不禁将松子因爱情落魄的悲惨一生与阿姐的人生重合起来。

放弃婚约陪伴姐姐

咻——嘭嘭嘭……

从井上家回去的路上，香织告诉我今天当地有烟花大会，不过在车里看不到烟花。汽车从山上沿着坡道向下驶去，穿过国道。身后只有烟花绽放的声音，汽车缓慢沿着彻底变暗的道路前行。

回公寓的路上，汽车好几次被烟花大会的警卫员拦下。为此，我们不得不绕了好几次路才踏上归途。餐馆的灯牌稀稀拉拉地出现在视野之中，就像路标一样。阿姐说不定就在某个房间里，蜷缩在漏斗状的低洼中，听着烟花的声音。

我坐在副驾驶座上想着这些，驾驶座上的香织突然开口道：

"我其实有一个未婚夫。如果没有这件事，我可能就和他结婚了。但我看到阿姐堆满垃圾的房间时，就不打算结婚了。我确实对不起他，但还是决定拒绝他。"

香织在 27 岁时就结过一次婚，还没有习惯婚后生活，次年就离了婚。

她离婚后和好几位男性分分合合，但最近几年却是在认真考虑结婚。终于，她在婚姻介绍所认识了一位男性并定下婚约，刚见过对方的父母。现在苦尽甘来，幸福就近在眼前。

明明马上就能结婚，为什么要放弃婚约？面对我的提问，香织顿了顿回答道：

"打开公寓大门的那个瞬间，我看到了阿姐心里的黑暗。原来她心里的黑暗那么浓，原来她一直都那么痛苦。我是她的姐妹，却一点也没有察觉到，对此我很受打击。我永远都是她的家人，我永远都要陪在她的身边。所以我不能就这样结婚。"

香织的车里也都是与阿姐有关的回忆。现在车里放的SMAP[①]的CD就是阿姐前年圣诞节送给她的礼物。阿姐出院后也送给她保温包感谢她在自己生病时来探望，现在这个季节带在身边非常实用。

阿姐总是陪伴在香织身边，香织周围都是阿姐送给她的礼物。尤其在香织离婚后，两人会在休息日一起去音乐节、迪士尼乐园玩，在外面住一晚上。

"我们不住在一起，我才没有发现那么重要的事情。但阿

————————

① 日本著名男子偶像团体。

142

姐在我的生活中非常重要，我不想到死都在后悔，自己一直不理解阿姐。如果她能回来，我可以去安慰她；要是经济上有困难，大家可以一起帮她。我想当面鼓励她活下去。"

香织谈起她从阿姐堆满垃圾的房间中找出的陈旧日历。日历被半埋在垃圾堆中，不知为何一直停在 2003 年 9 月，没有再翻动。2001 年井上家二女儿琉璃结婚，两年后的 2003 年香织结婚。姐妹俩先后结婚的时候，阿姐的体重也在逐渐增加。

香织现在回想起来，她当时沉浸在结婚的喜悦中，完全没有关心姐姐。垃圾堆中的日历不时闪现在她的眼前，令她有些头晕目眩。

香织理解父母年事已高，二姐还有自己的家庭，她便自己打头阵寻找阿姐。她在市内发过好几次寻人传单，画了阿姐以前经常去的地方的寻人地图，休息日开车前往寻找。根据阿姐房间里她经常去的商店的收据，自行与店方交涉，希望阿姐出现时对方能联系她。

香织低头看着一片黑暗的国道继续说着，像在自言自语一样。

"我自己也在探寻阿姐为什么会变成现在这样。和阿姐经历相同的事情后，才明白阿姐选择了怎样的一条路。我总是会想，她当时是什么心情呢。阿姐从医院和我们的生活中消失了，感觉她像从未存在过一样。时间流逝，似乎什么都没有发生，可未免太令人悲伤了。阿姐参加自我提升集会、信教、恋爱，都是为了追求幸福，最后却什么都没有得到，实在太可怜了。"

不愿消失的回忆

阿姐失踪的时间越久，警察的搜寻渐渐也没那么认真了。

负责寻人的警察甚至离谱地说了句：不就是找不到男朋友嘛，经常一副嫌麻烦的样子。甚至说，为什么你们以前没有发现女儿变成这样？这种话深深地伤害了家人。

一家人试图留住逐渐变得模糊的阿姐的回忆，再这样下去，连家里人都快不记得阿姐了。为什么阿姐的屋子里会堆满垃圾？阿姐现在在哪里？全家人一直在寻找这个答案。

八月下旬，一个周日的下午，我再次来到井上家。

全家人照例在家休息。周日医院放假，香织每周都会回父母家。尤其在阿姐失踪以后，父母心情非常低落，香织尽量陪在他们身边。

"外面很热吧。"

香织像往常一样开车前来，和子在大门口对她说道，又立刻把在冰箱冰过的毛巾递给香织。香织擦了擦头上的汗，在起居室的坐垫上坐下。

和子在被炉上放了一个白色的海碗，里面装满了梨子，又忙不迭地开始泡茶。清慢悠悠地吃着梨子，喝着茶。

　　这个周日和以往没什么不同，但似乎又有什么不一样。

　　身为家里的一员，香织决心和父母好好谈谈。

　　"我一直在想，我们家到底是不是一个开明的家庭，大家能不能在家中畅所欲言，是不是真的互相了解。"

　　香织回顾阿姐之前的人生，觉得无论如何都有必要和父母谈谈。母亲一直崇拜父亲，无法违背他的意志。自己也目睹过性格直爽的二姐和父亲产生过好几次争执。

　　香织觉得阿姐幼年时生活的家庭环境有可能与她堆满垃圾的房间有关。

　　和子面对香织的提问，回答道："每个家庭都有各自的问题，至于我们家开不开明……"她陷入了沉思。

　　和子以前是清的学生，因此和清一直保持着一些距离。清是一家之主，他说的话就是权威，以前他也不允许和子对他说三道四。和子很难说这样的家庭是一个开明的家庭。

　　清现在也85岁了，明显感到自己变老。他听完香织的话，沉思了一会儿，回答道：

　　"可能我对明美太严厉了。她从小看着父母的脸色，长大后或许变得比较软弱。她没有和我撒过娇，也从来没有反抗过我。"

"毕竟你是老师，孩子很难对这样的父亲畅所欲言。"

和子用坚定的语气反驳着清的话。

全家一瞬间沉默了。

清似乎没有想到妻子会说出这样的话，有些不解，但他依然努力用自己的方式面对阿姐的过去。他低着头，用嘶哑的嗓音细声回答道：

"可能明美觉得不能反抗父亲说的话，她才长成了一个非常在意周围人看法的乖乖女，也无法说出心里真正的想法。她内心感到不满，才渐渐变得软弱，觉得寂寞，有种空虚的感觉。她可能觉得家里堆满垃圾不会给别人带来困扰，自己可以被原谅吧。"

清说着耸了耸肩。香织第一次听到父亲说出他的心声，儿时眼中父亲高大的背影不知何时已经变得那么矮小了。香织觉得清应该也和自己一样，一直处于痛心的黑暗之中。

清在阿姐失踪后，每天都用手机发信息。在家中拥有绝对权威地位的父亲第一次真切地展现出他的软弱和脆弱。

香织接过父亲的话说道："我和阿姐年龄差距比较大，不知道她小时候的样子。"

她又接着说："阿姐不擅长表达自己。正因为她无法强势地说出自己的意见，才非常依赖推动她和引领她的男性。她没有什么和男性交往的经验，对男性有不切实际的幻想，比平常人憧憬的更多。所以与自己倾心的男子过上幸福生活的未来消失时，她可能眼前一片黑暗。"

和子点了点头，继续说道：

"没错，她总是觉得不满足，才会试图寻求其他的东西。不过，明美也是以自己的方式在努力活下去。"

井上一家人沉浸在被掩埋的记忆中，回忆起这个家里以前发生的事情。阿姐的屋子为什么会堆满垃圾，他们这些家人又意味着什么，众人一起接近这些问题的核心。

起居室里黑色的 26 英寸超薄电视机似乎也在默默听着这家人之间的谈话。2013 年冬天，阿姐参加医院的联欢会时抽奖抽到这台电视机，便送给了清。

香织心里满是对阿姐无尽的思念。

"阿姐觉得幸福是什么呢？每天过着同样的生活，她会不会什么也感觉不到，只能感觉到虚无呢？不知道什么是幸福，不知道有什么值得喜悦。通往幸福的道路消失，只剩下悲伤。生活所迫，她不得不去工作。可没有目标，做任何事情都没有意义，不扔垃圾也不会有任何改变。她的内心是不是已经变得一片空白了呢？"

和子也说道："但处于这种状态的人也会痛苦，就算什么都不想，也无法从痛苦中挣脱出来。"

和子说得没错。阿姐无法从痛苦中逃脱，也感受不到自己的痛苦。在这个瞬间，每个人都试图接近阿姐心中的痛苦，拼命感受她的痛苦，试图与她共鸣。

香织继续说道："没错，阿姐过得不好，她在普通人顺顺利利走过去的地方摔倒了。她是一个纯粹的人，才无法重新站起来，才会受伤。她伤得太深，只能对不想看到的一切视而不见，也不去感受自己不愿感受的心情，抑制所有作为人类产生的感情，过着想吃就吃、想睡就睡的生活。"

和子将自己现在所处的情况与阿姐的心境重合起来。

"明美不在以后，我晚上醒来，不安和绝望又会涌上心头。现在待在家里，有时也会突然想起明美。说不定她也一直都是这样，心里满是不安和绝望。"

阿姐心里复杂的感情在我的脑海中如一阵风一般掠过。每个人都在回顾阿姐的过去，深切感受到时光的一去不复返。

"要是没有阿姐的事情，我们可能不会回忆过去。这也是一个面对家人的好机会，以前没有发现的事情，现在也许能够看清楚了。"

重构家庭

清与和子对香织放弃婚约、付出巨大牺牲的行为感到非常心痛，但他们心怀罪恶感，无法向香织表达自己的感谢。

和子觉得自己现在能说出来了。

"香织在这么困难的时候，一直帮助我们……"

和子感到胸口被堵住了一般，再也说不出话来，满眼泪光地看着香织。清也重重地点了点头。

香织似乎已经察觉到父母的想法，静静地微笑着。

"阿姐不在以后，我一直在思考我出生在这个家里的意义，说不定我就是为了这件事而出生的。我们一家人不能只留下痛苦的回忆，什么也没有得到，只剩下负面的结果，我希望有一些积极的改变。我想将这次经历告诉世界上的人，只要有一个人因此觉得自己不再孤单，我的做法就有意义。就像讣告一样，哪怕只有短短一行字，死者的人生也有重量。如果我的经历对这个社会有用，任何事情我都愿意做。"

清瘦削的肩膀颤抖着，房间里只有吸鼻涕的声音，我觉得清可能哭了。

"我想知道明美为什么在家里堆满垃圾。"

我第一次来井上家时，清对我说过这样的话。我觉得这个问题的其中一个答案，需要每个人从原点出发，重新思考家人的意义。我看到的就是在这一过程中，全家人认真面对，重获新生的身影。

时钟的指针指向下午七时。站在房间外的走廊上望向庭院，只见太阳已经落山了，天空染上深蓝色。

香织打开桌上阿姐的相册，不知为何，每个人都垂下了眼帘。

阿姐喜欢动物，她养的金丝雀死去时，眼睛哭肿了好几天，可见她是个心地善良的人。长大后，她也会偶尔捡几只小猫回来收养。

阿姐在香织上初中时，养了一只邻居送的体形中等的土狗，还给它取名叫风太，非常宠爱它。翻开的相册里，有一张可能是偶然拍到的照片，画面是从起居室看到的走廊和庭院，正中间就是风太和阿姐。

阿姐身穿白色衬衫和深蓝色短裙，脚上是沙滩凉鞋，在新绿的庭院里显得有些耀眼。她左手抱着的风太看起来有点像狸猫，嘴里叼着球，阿姐则弯腰蹲下。当时，阿姐还不到30岁。

阿姐和平时一样，身材纤瘦，露出天真无邪的表情，右手摆出剪刀手的姿势微笑着。

阿姐送的盆花

阿姐的事情震惊了全家人，每个人的人生都发生了巨大的变化。

清因为阿姐的事情一下子老了许多，记性也变差了。香织说服父亲去看了门诊，诊断出清患有轻度的阿尔茨海默病。和子晚上总是睡不着，在香织的劝说下，和子也开始去神经科就诊。听从医嘱后，她勉强能保持平静的心情。

前文也说过，香织放弃了婚约，放弃了即将迎来的婚姻生活。结果一年过去，阿姐依然毫无踪影。

一家人生活在无尽的痛苦中，但也渐渐开始向前看。

据警视厅的统计显示，如果能在搜寻初期发现失踪者，便能降低死亡率。但时间过得越久，生还率就越低。

随着时间的流逝，和子已经决定做好心理准备迎接最糟糕的情况，甚至考虑如果阿姐回来时已经说不出话了，应该怎样为她送行。

之前和子打算就让家里人悄悄为阿姐送行，但现在她的想法稍微有些改变。一家人回顾了阿姐的人生之后，觉得她的人生并非只有不幸。

现在想来，爸爸妈妈可能算不上完美的父母和家人，但大家也互相扶持着走到现在。明美以前也满面笑容过，也有过朋友，也有过家人。人生可能有寂寞和痛苦的时候，但她绝不是一个人。

无论女儿变成什么样，和子都想表达这一点。所以，如果真到了那一天，和子打算把阿姐以前的朋友也喊来，热热闹闹地给阿姐送行。不知从什么时候开始，和子的想法已经改变了。

和子打算在葬礼上播放《给我一双翅膀》，她想让阿姐从所有痛苦中解放出来，飞向自由的天空。

和子现在依然非常珍惜地打理着阿姐给她买的盆花，那是几年前阿姐送给她的，花盆里绽放着小小的粉色秋海棠。那时阿姐的房间应该已经堆满垃圾了。

"妈妈，我在花店看到这盆花开得不错，就送给你啦。"

和子至今还清晰地记得阿姐的样子，她手中的花盆里开着小小的花。阿姐每天睡在堆积到胸口的垃圾堆里，依然不忘关心和子。阿姐活得有些笨拙，却是一位率真又有点淘气的女性。

"明美，你现在在哪里？你送给我的花已经开了，快点回来吧。你回来以后，我一定紧紧抱住你，再也不让你离开了。"

和子今天依然静静地对着阿姐送给她的盆花自语道。

第五章

为什么不能碰？她是我的外婆！

西成区的人偶屋

大阪有一家预约人数众多的遗物处理和特殊清扫公司。

横尾将臣（时年49岁）经营的"回忆"公司的工作预约经常排到一个月以后。即便如此，依然有不少死者家属委托横尾。为什么他们会选择横尾呢？

八月下旬，从一大早起火辣辣的太阳就毫不留情地照射在地面上，横尾正踏入阿倍野区的一栋公寓。他在一楼撞到同公寓的一名中年女性，对方看到横尾，用嘶哑的声音说道：

"是来306清扫的吧？实在太臭了，大家都闹得不行。"

横尾满面笑容地回答她：

"现在超人来了，您就跟他们说肯定没问题吧。"

"是吗？多谢啦，麻烦你了。"

女性松了一口气，深深地鞠了一躬。

横尾乘电梯来到三楼，很快便知道是哪个房间。大门的四周严密地贴上了封条，刺鼻的臭味从封条的间隙中钻出，充满整个走廊。

横尾利落地撕下胶带封条，戴上防毒面具，沉稳地走进房间。房间里的苍蝇到处飞来飞去。

靠近门口的厨房地板上粘着体液，还混有红色和黑色的颜料，留下斑驳的痕迹。横尾沿着体液打开卫生间的门，只见地面瓷砖上也粘着黏稠的黑色体液。

"真不得了，全都是苍蝇。看这样子死了有两个多星期了吧。头靠这边吧，这块是皮肤。估计死前拼命想从卫生间里出来。体液里有一半都是血。"

横尾推测得没错，房间里的男性正是从卫生间出来以后，遭遇了突发事件。

不知为何，榻榻米上还放着吃到一半的泡面，里面插着筷子。泡面放了几周，里面的水分已经流失，长出黄绿色的霉斑。地板上扔着大量日式饼干的包装袋。只有一件男性运动服挂在衣架上。橱柜里的内衣和卫衣等衣服都没有叠起来，乱糟糟地丢在里面。

"看来他连去外面晒衣服都懒得去，真是太懒了，所以他才把洗完的衣服都挂在房间里吧。看他吃的东西，估计也就靠泡面和便利店的食物生活。他也不容易，过得应该挺痛苦。吃那么多零食，身体肯定不健康。"

正如横尾所说，榻榻米上散落着附近药店的袋子，里面放着大量的止痛片。看到这些证明男性备受痛苦的痕迹时，我心里有些难受。

"你再忍忍，我马上就打扫干净。"

横尾温和地说了好几次，便开始清扫。横尾强壮发达的肌肉转眼间便在汗水中泛着光。

下午三点左右，横尾与卫生间地砖的战斗快要结束时，他的手机响了。似乎是管理公司提出的紧急委托，他慌忙在卫生间对面说着什么。

"西成区孤独死的速案吗？好，我马上过去。"

似乎是员工打电话通知他，西成区发现有人孤独死，管理公司委托他们清扫。"速案"指的是报价与清扫同时进行的委托。一般管理公司会先询问报价的金额，再提出委托。而"速案"则属于无论报价多少，都需要立刻开始特殊清扫的紧急委托。

回忆公司在孤独死多发的夏天会碰到许多速案，速案数量之多也表现出管理公司对他们强烈的信任。

管理公司说，是楼下的居民投诉表示有蛆虫掉了下来。

横尾判断出案件非常紧急，立刻从阿倍野区前往西成区。

"孤独死的人基本上已经不吃不喝了，就吊着一条命而已。排尿和排便都在房间里解决，估计东西全在里面。死之前应该也不能动了。我感觉自我忽视就是一种求救信号，在某个阶段解决了还好，放任下去就是等着孤独死。从房间的情况来看，死者在这种状态下生活了两三天吧。隔壁住的就是普通人家，说得不好听一点，好像只有这个房间处于异次元的世界，屋主无声无息地消失了。要是发现得早，我们也轻松一点。"

横尾说出内心的想法，开着卡车前往下一个现场。与阿倍野区相邻的西成区有许多面向低收入者出租的木结构公寓。

卡车到达现场附近的道路上时，只见公寓前喧闹不已。好几位住在公寓里的中年女性聚集在一起，不停地悄声议论。只有一只略有些脏的棕色瘦猫，对这些居民视若无睹，在屋檐下贪婪地吃着铝制小碟子里装的剩饭。

横尾这次的工作是紧急处理臭味和害虫。警察刚检查完现场，死者家属还没有来，因此要尽可能在保护现场的情况下迅速消除臭味，再交给管理公司处理。

横尾从管理公司的员工手里接过钥匙，便立刻和对方一起冲进房间。房间在二楼，门还没有开，周围就弥漫着异常的热气和臭气。

房间里一片昏暗，有些湿漉漉的。屋里似乎是一位老年女性独自居住，靠近大门的厨房放着晾衣架，上面挂着内裤和背心等内衣。台面上放着有些烧焦的做章鱼烧的铁板和小碟子，就像不久前才吃过章鱼烧一样。

房间的正中央有一个被炉。里侧比较昏暗，横尾忽然看见了一个人头一样的东西。

"哇！什么东西！"

横尾不禁跳了起来。只见一个大约一米高的巨大人偶坐在椅子上。人偶似乎是这位女士自己做的，乱糟糟的头发是黑色的毛线。人偶穿着条纹图案的衣服，眼睛瞪得圆圆的，看着别的方向。横尾觉得这个人偶简直和真人一模一样。旁边放着婴儿用的宝宝车。

"我刚才进房间估价的时候也被吓了一跳……"刚刚和横尾会合的回忆公司员工说道。

房间里有不少孤独死者留下的抓痕。横尾掀起被炉，下面就是浸满体液的被褥，清晰地浮现出黑色的人体形状。有那么一瞬间，刚才的人偶与被褥上人的形状重合在一起。她会不会把人偶当作自己的孩子来疼爱呢？人偶身上弥漫着的独特气息，展现了她的内心。

卷起被褥，只见下面有一百多只白色的蛆虫聚集在一起，拼命蠕动着。

被褥浸满体液后变得湿漉漉的，重量也变成原来的几倍。横尾迅速将被褥装进巨大的塑料袋里。两人又掀起下面的榻榻米，用别的塑料袋裹起来。体液基本都停留在榻榻米的上方，但还有一部分沿着榻榻米之间窄小的缝隙流进了木板中。

就像血吸虫会吸血一样，蛆虫也会为了体液聚集在一起。仔细一看，榻榻米下方的正方形木板有好几块都修补过，蛆虫很明显就是从木板之间的缝隙掉到楼下的。

横尾他们给沾上体液的木板消毒后，用笤帚仔细将榻榻米下方上蹿下跳的蛆虫收集起来。本以为清扫工作已经结束，但渗进榻榻米交界处的些许体液还浸染了厨房与起居室之间的门框，横尾也没有放过。他拆下门框翻过来，将门框与沾有黑色体液的地板接触的部分擦拭干净，并进行消毒。

横尾等人的团队配合得非常好，不过三十多分钟，特殊清扫的工作便大功告成。不知什么时候，弥漫在周围的异常臭味也完全消除。

横尾把榻榻米堆起来，利落地钻进卡车里。他用毛巾擦拭着额头上大量的汗水，在车里指着邮箱嘟囔道：

"你看那个房间的邮箱上了好几道锁，这说明去世的女士不相信附近的居民，她可能只会对那个人偶说话，每天把人偶放进婴儿车里，推着'她'出去散步。不过那个人偶真的太吓人了。人死也很正常，不过在那种集体公寓，为什么几天都没有人发现呢？"

太阳完全落了下来，猫也不知什么时候跑走了。横尾启动卡车引擎，继续说道：

"我刚开始工作的时候，还天真地以为这辈子能在屋子里发现什么不得了的东西，比如中了三亿日元的彩票之类的。但真正出现的，只有尸体。堆成山的垃圾中，埋着失踪的人的尸体，我当然立刻就报警了。孤独死的人真的就处于生与死的边界线上。我无法评判他人的人生，可我每天都面对孤独死现场，还是会不由自主地想，他们已经醒不过来了，也到他们考虑的时候了。"

横尾见过很多和这名女士一样处于孤独死边缘的人。他们被孤立，没有活着的目标，生活一团糟，最终孤独死去。大多数孤独死的人活得非常迷茫，他们留下苦恼过的痕迹，询问自己的人生是否应该如此。

能不能让他们积极面对生活呢？横尾一直在考虑从事"福祉整理"工作。

安排后事的工作一般都是为自己死后做准备而清理房间，而"福祉整理"是为了活下去而清理，这是横尾自己起的名字。他希望自己清理房间是为了帮助别人健康自立地生活下去，为了让他们积极面对未来。

内心的痛苦："超人"横尾篇

横尾出生于大阪羽曳野市。父亲是明治乳业的员工，一直勤勤恳恳工作到退休。母亲性格开朗，精心养育他和哥哥长大。

横尾从初中开始就是一名精力充沛的运动少年，高中时热衷于橄榄球。橄榄球是团体运动，大家一起奔跑跳跃，在草地上摔倒、战斗，是肉体和肉体之间的碰撞，横尾沉浸其中。高中时横尾还被选入大阪队，经推荐入职本田技研工业股份有限公司。他从未怀疑过自己成为专业选手的梦想，每天白天给流水线上的汽车涂装，傍晚开始埋头练习橄榄球。

但身材矮小的横尾没有获得他想象中的成绩，后来离开了公司。他第一次感受到失败的滋味，却又心念一转，决心踏上音乐之路，便在银座的餐馆吹萨克斯维持生计。

他决定进入遗物处理行业的原因，是他在 33 岁时经历了外祖母的孤独死。外祖母在浴室意外去世后整整一天都没有人发现，死因是由撞击引起的溺死。前一天还精神奕奕的外祖母转眼间便去世了，这件事对他打击很大。

当时在乡下办葬礼非常麻烦，没有殡仪服务公司，身为长女的母亲需要为吊唁的宾客准备白事饭，负责葬礼的流程，还要处理遗物。之后，母亲因疲劳过度，胶原病恶化，不得不住院治疗。葬礼、遗物处理，这些事情全都交给女性，让横尾觉得不适。

"外婆去世的时候，母亲患有胶原病，没有力气完成葬礼和其他事情。父亲就是昭和时期典型的父亲，完全不帮忙。外婆的东西多，不太容易处理。家里的女性最辛苦，人死以后，后面全都是事情，母亲一个人肯定处理不过来。我当时就觉得需要人帮忙清理，不仅是把东西从家里搬出去，还要陪在家属的身边。现在想来，这些都是外婆引导着我。"

横尾决心跳槽至大型遗物处理公司。他在公司取得了辉煌的业绩，甚至升上了大阪分店的店长。

但那里不是横尾想象中陪伴在死者家属身边的遗物处理公司。他当着客户的面给社长打电话，询问报价。听到电话那头社长的声音，客户疑惑不已。当时，"遗物处理"这个词刚刚出现在世面上，还是行业的黎明期，便会出现漫天要价的情况。

横尾摸索着，痛苦着，他知道这不是自己追求的世界——

有一次委托的签约价格为 100 万日元，他打电话告诉社长后，被对方大骂了一通："你这么做，大阪的营业额会下滑的！你就不会要价 105 万日元、200 万日元吗？"

客人碰巧听到了社长的声音，他震惊地摇了摇头。

"横尾，你这个人不错，但别留在这种公司了。不好意思，我要取消订单。"

横尾哭着给社长打电话抗议。

"我什么时候给公司惹事了？我从来没有轻视过公司，每天都抬头挺胸地工作，我要辞职！"

横尾内心不甘，泪流不止，他决意一定要从事自己心目中的遗物处理工作，他想让大家都露出笑容。于是，他下定决心向公司提交了辞呈。

横尾从公司辞职后，立刻在大阪的堺市成立了遗物处理和特殊清扫的公司。当时是 2008 年，需求最多的是清理低保户的房间。

横尾便立刻奔波于整个关西地区的支援中心、政府的生活保障科、一对一援助机构来宣传公司业务。遗物处理和安排后事的问题在于高额的费用，而横尾破例把价格设定为他前公司要价的一半。低保户中有不少人要搬入护理设施中心，也有很多房间里堆满垃圾的居民，许多人都需要清理房间，但关键的预算问题难倒了不少人。因此，横尾的低价迅速引发关注。横尾同时还正式踏入回收行业，在压低清理房间价格的同时，通过回收家电提高收益。

横尾在每次委托中获取的收益不高，但随着时间的增加，经手的委托越来越多，收益便稳步上升。

有时他也会接一些相当于免费工作的委托。他常打交道的一对一援助机构恳求他："横尾，拜托你了，我们实在没有预算。"他便仅提出日期和时间的条件，以8000日元的价格接下了一个单间的清理工作。

"没赚到钱也没什么不好的。我们打扫得干干净净，价格又便宜，客人自然高看我们，以后就会有工作上门，也挺不错的。有舍才有得嘛。"

回忆公司通常清理单间的价格为五万日元。他们的定价几乎算得上是破坏市场平衡，不少同行对此战战兢兢。公司成立三个月之后，他们的遗物处理业务登上了关西当地的电视节目。之后，公司规模扩大，员工增加到十人。

之前的公司的确教会了横尾遗物处理的知识，却丢弃了最重要的东西，那就是人心。横尾对此感到不满，便以此为动力，让回忆公司成为关西地区名列前茅的遗物处理和特殊清扫业者。

近年来增加了不少特殊清扫业者，其中很多人利用死者家属慌不择路的心态反将一军，漫天要价，横尾对此非常愤慨。

10万日元、20万日元对普通人来说是一笔巨款。还有的特殊清扫要价100万日元，也不知道怎么想的。老天爷都看着呢，绝对不能这么工作。我希望客户觉得幸好遇到了我们，同行要是比着我们报价我也不会太惊讶。

有孩子在的特殊清扫现场

兵库县神户市长田区，商店街上排列着有些年头的店铺，紧闭的卷帘门略显醒目。除去这些，这条街仿佛停留在了昭和时代，时间缓缓流逝，给人一种平和的感觉。

此时正值盂兰盆节，不时有骑着自行车的中年女性穿行其中，路上没有什么行人。公寓就建在商店街边的一条小路里。

一大早就有好几位男士大汗淋漓地慌忙出入公寓，其中身材最强壮的人便是正在指挥现场的横尾。

这栋有五十年历史的四层水泥建筑，没有电梯，只能爬楼梯前往三楼，反复爬楼的几位男士正大口喘着粗气。

高畑美香（化名，时年39岁）和丈夫辉明（化名，时年41岁）正在一旁紧张地看着他们，一位少年紧靠在他们脚边。

他们的儿子阳太（化名，时年9岁）脖子上挂着阪神老虎队的毛巾，穿着短裤，淘气的眼睛不时看向四周。

在充满臭味的特殊清扫现场，一般极少有死者家属旁观。但对美香来说，这栋公寓是她20岁前居住的地方，最后清理的时候自然要带上孩子阳太。

房间里堆了好几层便利店的小塑料袋，垃圾堆得几乎把人的腿都淹没了。

　　勉强在里面冒出头的被炉上，密密麻麻地摆着装有酱油、盐、糖、蜂蜜等调料的小瓶子，左侧的橱柜上堆着许多衣服，几乎要倒塌下来。铺着地毯的地面上散落着几个空的烧酒纸盒，塑料垃圾和贺年卡几乎铺满了整个地板。CD播放机和书桌埋在装满垃圾的塑料袋中，只能稍微看到一点。在这个布满黑色体液的地方，母亲由纪子（化名，终年63岁）无声无息地咽气了。

　　勉强能看到里侧的梳妆台上，巨大的红色扶桑花和五彩缤纷的假花开得正艳。

　　房间是两居室，在面向阳台的中央部分，有些地方已经被棕色的体液染成红褐色，周围的物品都变黑了。由纪子的体重使周围三叠①大小的地方陷下去一个椭圆形的低洼。地毯上粘着疑似毛发的物体。

　　由纪子就是被埋在垃圾堆中去世的。

　　美香从记事起就与父母和妹妹一起生活在这栋公寓里，一直到她20岁。

　　母亲由纪子原本在当地的医院当准看护师，去父亲经营的店里喝酒时与父亲意气相投，二人便结了婚，之后一起经

----

① 近5平方米。

165

营小酒馆。父亲42岁时，长女美香出生。父亲老来得女，二人十分宠爱美香。

小酒馆也颇受当地客人的欢迎，经营状况一直非常好。但1995年阪神大地震后，他们的生活发生了巨大的变化。位于一楼的小酒馆彻底被毁，完全埋没在瓦砾之中。

小酒馆搬到三楼重新开业后，客人的数量急剧下降，他们不得不关了店铺。年长母亲17岁的父亲身体状况日渐恶化，母亲也患上了心脏病，夫妻俩成了低保户。

不久后，父亲去世。几年后，母亲与一位男士开始在这间公寓里同居，后来男士因病住院，由纪子又开始了独居生活。

房间逐渐出现堆满垃圾的征兆是在那位男士离开这里的时候。经历了两次与爱人的离别，由纪子一定非常痛苦，美香觉得一切应该是从那时开始的。

从美香出生时起，家里东西就多。经营小酒馆时期的衣服还在架子上堆积成山，美香提醒过她好几次，由纪子却坚持表示说不定什么时候就要穿，一直放在那里。

直到阳太4岁时，美香一家人还一起回来过。可随着阳太长大，房间里堆积的垃圾越来越多，美香觉得自己没法再带阳太回家了。

"东西太多了，阳太又喜欢到处乱碰，实在很危险。阳太看到什么都想往嘴里塞，我实在没法回家。后来我们就不在家里见面，改在外面见面了。"

后来美香收到母亲说丈夫坏话的信息，便渐渐与母亲疏远了。

美香最后一次和母亲联系是九个月前。

"是不是你公公婆婆叫你不管我的。"

患有抑郁症的由纪子给美香发来了疑似被害妄想的信息，美香不由得一阵恼火。美香的公婆待美香就像亲生孩子一样，她非常敬爱公婆，她不允许母亲说他们的坏话。

"他们才没说过！"

这就是美香最后一次和由纪子联系，之后便过去了九个月。来公寓刷漆的工作人员偶然发现房间的窗户好几天都开着，觉得奇怪便报了警。由纪子已经死亡十天了，警察验尸时没有发现死因，但因为房间没有装空调，美香推测应该是中暑导致的。

美香九个月没有和母亲联系，她觉得这段时间无比漫长，原因还是最后和母亲的争吵。

"我知道最近没怎么见到妈妈，但心里又不想见到她。我现在脑中有些乱，还无法相信妈妈已经去世，没什么真实感。所以我现在才能笑得出来吧。"美香静静地微笑道。

警察把遗体的照片给她看时，她还不相信由纪子已经死亡。

"警察说，要是我怕臭，看不得那些东西，最好不要直接看遗体。我确实看不了那些，对方连给我看照片的时候都确认了一遍。在火葬场拿到骨灰的时候，我还在想，这真的是我的妈妈吗？我心里难过，但感觉还不真实。所以我见到妈妈的最后一面只有照片而已。现在想想，警察给我看的照片确实能看出母亲的样子。"

美香始终不能释怀的是，自己与母亲最后的联络是以争吵而告终。

重新见到充满回忆的物品

对美香来说，唯一能真切感受到母亲死亡的瞬间，就是在灵车里陪在母亲遗体身边的时候。母亲就躺在这里，想到这里，她心里升起一丝寂寞。

身为长女的美香安排葬礼的时候，丈夫辉明则在准备交接由纪子住的公寓。由纪子是孤独死，他们便没有找普通的遗物处理公司，而是在网上找了四家特殊清扫业者，请对方提供报价。时间过得越久，有人孤独死的房屋损伤越严重。

"房间的状况那么差，要开好几天臭氧除臭机才行吧，垃圾车也要好几辆。"

"是垃圾屋吧，大概要 100 万日元吧。"

看起来房间里的确堆满了垃圾，但对美香来说，这里也是她住过许多年的家。交给其他公司处理，总感觉自己的回忆也像垃圾一样被扔掉了，让她觉得无比悲伤。

回忆公司这个时期的特殊清扫委托蜂拥而至，一开始他们拒绝了这次报价。可美香拼命恳求他们，表示哪怕只来报价也行。

横尾在房屋前静静地为由纪子双手合十。报价金额为26万日元，是四家公司中最低的。

夫妻俩被横尾对死者的尊敬打动，请求横尾一定要让回忆公司帮他们清理，无论花多长时间都没有关系。

阳太走进房间的时候，立刻闻到了不同寻常的臭味，他兴奋地跑来跑去，高声喊道：

"臭臭光线！我看到臭臭光线了！哇！哇！"

"臭臭光线是什么？这是人生活的臭味。你讨厌湿气吗？"

美香有些疑惑，劝解着阳太。

横尾工作的过程中，阳太就在屋子里兴致勃勃地转来转去，一副天真无邪的模样。横尾便眯着眼睛看着他。

阳太对由纪子的回忆中，屋子里已经堆满了垃圾。年幼的阳太好不容易爬上楼，却没有停留多久，就和外婆一起去附近的便利店抽奖玩。这是阳太对外婆最后的记忆。

美香站在房间外的公共走廊上看着清理的情况，对辉明说：

"我在想，照片我就稍微看一下，基本都扔掉吧。虽然我不喜欢'扔掉'这个词……应该说'处理'吗？'处理'我也不太喜欢。"

美香找不到合适的词，感觉有些别扭。横尾将橱柜里找到的一叠相册递给她。

"我找到相册了，里面还有照片。"

美香静静地翻动着，忽然在其中一页停了下来。年轻时的母亲正抱着美香，旁边是父亲。父母周围都是满面笑容的男男女女。美香沉浸在幼时的回忆中。

"这个是我！照片上的是我父母和小酒馆的客人吧。他们和客人的关系非常好，我小的时候，夏天大家还一起回兵库县的乡下看烟花大会。这个是我奶奶吧，奶奶家在二楼，地震的时候也没有了。那时候，我们经常和客人一起回奶奶家。我出生的时候父亲42岁，他真的非常溺爱我，去哪儿都要带着我。"

美香怀念地翻着相册，里面有不少观光大巴的照片。夫妻俩经营的小酒馆是当地居民全家人都爱来的地方，美香还记得小酒馆的常客给自己买过成堆的衣服。全家人还在关店休息时，和客人参加过不少观光大巴旅行团，去中国台湾和日本其他地方旅游。照片中便是从大巴下来后步伐轻盈的男男女女。

美香清晰地回忆起往事。阳太在美香追忆过去时，摆出捂着鼻子的姿势，对房间里拼命工作的横尾颇有兴趣。

"感觉我好像有点适应房间里的臭味了。"

"你适应能力挺强的嘛。"

横尾说着将橱柜里拿出来的相册递给阳太。

"你能帮我把这个给你妈妈吗？"

"妈妈给你！大哥哥让我给你的。"

阳太直接冲到美香的身边，美香翻看起横尾发现的相册里的照片。

"是濑户大桥，应该是妈妈和同事去员工旅行的时候拍的。那个时候她还是准看护师，戴着护士帽呢，和以前的南丁格尔有点像。哇，里面还有胶卷呢，这么看我和妈妈还是挺像的。不过这样下去没完没了呀。"

面对不断出现的充满回忆的物品，美香露出了烦恼的表情，又有些高兴。

"算了，就算只是看一遍也有意义。"横尾看着美香，静静地自言自语道。

大部分客户委托业者清理时，就已经做好舍弃一切的心理准备了，毕竟自己没法清理。面对业者的时候会顾忌一些，不会这个也想要，那个也想要。

横尾深切地理解死者家属的心情。家属不可能把这里的所有东西都带走，绝大多数东西最终还是要处理掉。可是横尾特意温柔地将回忆交给家属，要是对方愿意接受，便会传递给其他人。CD、唱片、儿时画的画、以前用过的教科书，最终都会变成垃圾，确实可以不用给家属过目就处理掉。然而，哪怕只是让家属看一眼，让他们觉得怀念，能回忆起父母年轻时、回忆起自己小时候的事情，也足够了。有这样的一天就可以了，这才是横尾心中的遗物处理。在他的特殊清扫现场，这一点绝对不会改变。

横尾从两叠①大小的橱柜中取出塑料盒，里面放着塔罗牌、扑克牌和许多纸张已经变色的漫画。

"妈妈，这些都是你的吗？"阳太问美香。

"是啊，这个是《Ribon》杂志附赠的塔罗牌，我一直舍不得扔呢。还有《金田一少年事件簿》和《恋爱目录》，折原美都②的也有好多。好怀念啊，我以前很喜欢折原美都的。"

美香似乎回到了过去，眼眶有些湿润。

"妈妈，你还记得这个便当盒吗？"

"我记得，怎么可能不记得呢。"

---

① 3平方米左右。
② 日本漫画家。

每天上学时带的便当盒，七五三节穿着红色和服在附近照相馆照的照片，幼儿园的毕业证书，每年班会的照片，初中乒乓球社团活动用的名牌，成绩单，书桌下贴的棕色的世界地图，亲戚用结婚典礼照片做的电话卡和磁带，美香高中在麦当劳打工时的名牌，需要直接把房租给房东时留下的房租记录本，美香上驾校时的合影。横尾从垃圾中拼命挖掘出这些东西，再交给美香。美香一个个接过来，踏上看不见的回忆的足迹。这是一段充满奇迹的时光。

阳太拽着横尾的衣服下摆。

"我给妈妈看了便当盒，她说还记得。"

"是吗？"

横尾大汗淋漓地对着阳太露出微笑，又重新投身于垃圾之中，继续拼命工作。

令她回忆起震前时光的脐带

横尾在橱柜深处找到一个细长的泡桐盒子，里面放着大约30件和服。由纪子在店里的时候有时会穿着和服。由纪子擅长打扮，也喜欢穿和服，所以家里有不少和服。拆开包装纸，只见里面是黄绿色的美丽和服。美香拿起一件，不禁被它的美丽所折服。

"哇，好漂亮的绿色！没想到妈妈有这个颜色的和服，她喜欢的一直是紫色。"

辉明担心地问道："和服没被虫蛀吧？"

"嗯，我来看看。看起来没什么问题，不过那么多和服整理起来要花很长时间吧。这件是传下来的吧，下面的应该是成套买的。"

横尾在橱柜里找到了一个手掌大小的盒子。

"这应该是你们姐妹的脐带。"

"哇！你在哪里找到的？"

"日式橱柜的——"

美香不禁兴奋地打断了横尾的话。

"是吗！"

木盒里除了用马克笔写了名字，还写着身高 51.5 厘米，体重 3300 克。看到木盒中用和纸包起来的脐带，美香微笑起来。

阳太没有注意到美香的样子，在房间和走廊之间来回奔跑着。突然，他发现了一张 A5 纸大小的烧酒宣传海报。阳太有些害羞地笑着，别过脸指着海报说：

"那个人没穿衣服！羞羞。"

满是灰尘的海报已经褪色，上面是一名上半身半裸的外国女性。这张海报贴在夫妻俩经营的小酒馆里很多年了，因此由纪子在关店后也没有扔掉，又贴在了厨房里，这样她可以一直看到。

横尾从厨房的架子上拿下由纪子在小酒馆时使用的大碗、烧酒和白兰地的瓶子。美香的书桌上，斜挂着几件粉色和红色为主的彩色服装，应该是穿来给客人助兴的。珍珠项链、父亲的袖扣、别人送的手表等，横尾将这些装饰品一一交给美香。美香慢慢过目，再分门别类。这些物品象征着母亲与父亲、母亲与周围许多人之间的联系，而由纪子带着这些回忆去世了。

里面的架子上藏着不少方格子乐团的唱片。

"是方格子乐团啊。"

横尾出声后，他脚边的阳太高兴地伸手来拿。

"是方格子乐团！"

"你知道吗？"

"嗯。"

"你这么小也知道方格子乐团？不错嘛。"

听横尾这么说，阳太得意地点点头。

"有个小朋友家里有以前的音乐 CD，我去他家住过呢。方格子乐团的发型以前很流行，不过学校禁止我们留方格子乐团那种太长的刘海。以前真好啊。"

"你很厉害呀，好像很了解以前的事情嘛，当时你还没出生呢。"

"哈哈哈。"

阳太很快就喜欢上了温和沉稳的横尾。在昏暗潮湿又布满尘埃的房间里，回荡着阳太和横尾的笑声。横尾与阳太讲相声一般的对话仿佛酷暑中滋润内心的清凉剂。

只有美香的丈夫辉明满脸担心地看着横尾工作，一边问道：

"体液没有染到下面吧？"

"已经滴到下面了。估计榻榻米下面也有，所以下面也要清理干净。体液滴到下面确实容易生虫，不过特殊清扫也没有困难到要清扫几天。"

听横尾这么说，辉明松了一口气。

"其他业者说，要用最先进的臭氧除臭机连开三天才行，不然太臭了他们没法工作。"

"是吗？我们的机器和他们的应该一样，我倒觉得连开三天臭氧除臭机反而会损伤机器。"横尾满脸自信地回答道。

我一定要消除臭味

横尾于 2008 年成立遗物处理公司以后，孤独死后的清扫委托日益增加。

他正式踏足特殊清扫行业，是在兵库县宝冢市一位男性孤独死后，他来到死者居住的单间的时候。多到可怕的体液之中，所有东西都漂浮在上面。体液已经浸染到墙壁和墙柱等建材之中，必须把房间恢复成毛坯状态才行，否则毫无办法。其他清扫业者报价90万日元，而横尾觉得一旦能消除臭味，这将会变成自己的强项。横尾提交给管理公司的报价为15万日元，以把房间恢复为毛坯状态的标准，算是一个打破常规的价格。

"我一定要消除臭味。"

横尾下定决心，每天都去房间里查看，同时向灾后重建等方面的专家请教，尝试各种药剂。一个月后，横尾成功消除了臭味。回忆公司的特殊清扫业务最高收费也不会超过20万日元。

体液浸染至地板下面时，他们会涂上特殊的填缝剂抑制臭味，这是横尾经过不断研究之后独创的技术。在报价80万日元甚至100万日元都理所应当的特殊清扫界，横尾掀起了一场革命。

为什么不能碰？她是我的外婆！

横尾等人将橱柜和书桌等大件家具依次运出，露出下方的整块波斯地毯。地毯中央染上一片淡淡的棕色斑块，大约有1.5米长。地毯充分吸收了由纪子的体液，重量也在一定程度上有所增加，原本就不怎么好闻的臭味扑面而来。

地板上尘土飞扬，还散落着图钉、钉子、棉签等小物件。美香正在挑选相册，阳太一心想给横尾帮忙，便捡起掉在地板上的钉子和剪刀之类的东西，一一交给横尾。

"地上有剪刀，好危险呀。那边还有回形针。给，这些危险的东西都给你。"

"谢谢。"

"有支圆珠笔！"

忽然，阳太发现了一支埋在垃圾中的黑色圆珠笔，便孩子气地要伸手去捡。圆珠笔就掉落在被由纪子的黑色体液浸染的地毯正中央。附近虽然看不到蛆虫，但还是会有细菌繁殖，有可能被感染。

横尾温柔地告诉阳太：

"那附近你不能空手去碰哦。"

"为什么不能碰？这里是外婆家，没关系的！"

阳太低下了头，又抬起纯真的眼睛，停下手来自言自语道。

横尾惊讶地看着阳太。

对阳太来说，这种反应理所当然。孩子的率真总是让横尾领悟到一些意想不到的事情。昏暗潮湿的房间里，只有一阵凉爽的风吹了过去。

横尾卷起地毯折好，下面露出六块陈旧的榻榻米。在阳光常年的照射下，它们已经完全变成了小麦色。中央的部分因体液和体重的重量正缓慢地沉下去，留下一个像陨石坑一样的轮廓。周围滴着淡淡的白色体液。

只有在沾到体液的地方，榻榻米的纹理裸露出来，变成红褐色。由纪子体液的甜腻臭味扑面而来。

横尾终于正式开始特殊清扫。

"榻榻米被压凹下去了。抱歉，我现在就打扫干净。"

横尾温和地说道，并招呼员工："把榻榻米装进袋子里吧。"他们便慎重地将榻榻米一块一块地拆下来。

榻榻米下方正方形的木板有些破损，缝隙里也浸染上黑色的体液，附近的胶合板起了木刺。横尾从塑料盒中装着的特殊清扫工具中，取出装有氢氧化钠的瓶子。

横尾跪下来，仔细地在体液上洒上氢氧化钠，再用刷球开始擦拭。

颜色浑浊的地面似乎抗拒着氢氧化钠，但随着横尾用刷球摩擦，氢氧化钠逐渐与体液混合在一起，溶解进去。

"因为灰尘的原因，一开始没有效果，但现在正在起反应，已经起效了。"

人体是酸性的，可以用碱性的药剂中和，所以氢氧化钠能去除体液中的油脂。

横尾趴在地上，距离地面仅有五厘米。他将鼻子凑近，确认是否有臭味残留。掀开榻榻米后那股扑面而来的异样臭味，现在已经渐渐消散了。

在横尾最费精力的特殊清扫过程中，阳太毫不在意地在房间里轻快地跑来跑去。

"哇！妈妈给我买了可尔必思①！"

"不错嘛，可尔必思好喝吧。多喝一点，不然太热了会有危险。"

横尾不再继续和阳太说话，而是来回摩擦着胶合板。

"大哥哥，你在干什么呀？"

"我在打扫，把脏的地方都打扫干净。那边很危险，不要碰哦。那个也很危险，碰了会烫伤的。这些液体也危险。"

阳太听从横尾的提醒，盯着由纪子咽气的地方，惊讶地站在装有氢氧化钠的铁桶旁。

"这些液体是热的吗？"

"对，你不用手碰就没有事，碰了就会被烧伤。"

"为什么？"

"这种液体就是这么可怕，效果好，但对身体不好。有的

---

① 在日本有百年历史的著名饮品品牌。

药水有效，但不影响人；有的药水有效，但对人不好。我是专业人士，要用效果更好的，懂了吗？"

"好复杂啊。"

"对，就是很复杂。可是不打扫干净，对你爸爸妈妈都不好交代。这间房子是向别人借的，一定要还回去，还要干干净净地还回去。"

横尾开始在铁桶中搅拌填缝剂，再将凝固好的填缝剂仔细涂在氢氧化钠清洗过的地方。这是横尾创造出来的秘密武器，可以将臭味完全封住。阳太在横尾旁边蹲下，指着填缝剂问道：

"这里面有什么东西？"

"有涂料，你感兴趣吗？"

"这个也危险吗？"

"这个很安全，喝下去都没有问题。"

"是吗？可以喝吗？我总感觉里面有毒。"

阳太指着看似有毒的涂料，专注地看横尾工作。

"我没有事情做了。"

"你不用做什么的。"

"我最讨厌什么都不做了。"

"你很可靠嘛，比我们员工还勤快。"

"我没事干呀，想做点事情。玩呀，解决一些问题呀，只要不学习就行。"

"你不喜欢学习吗？"

"嗯。"

"是吗？我也不喜欢。"

在垃圾屋长大的孩子

横尾非常喜欢孩子。他至今最难忘的现场，是受委托整理一个小学三年级的少年住的公寓，他和自己的女儿一样大。

"叔叔，你来做什么呀？"

少年看到横尾便自来熟地和他搭话。

他匍匐在垃圾堆里，低头看着作业，脚趾间塞满了粪便。横尾看了一眼卫生间，里面到处都是粪便，满地黏糊糊的。母亲一脸烦恼的样子，似乎不知如何是好。少年的腿上全是被蚊虫叮咬过后的瘢痕。横尾看到这幅景象，至今想起来都双腿发软，几欲落泪。

两居室的房间里，垃圾袋堆得像小山一样高，房间里的母亲一脸呆滞，也不知道是从什么时候开始变成这样的。据介绍情况的社会福祉协议会的人说，其他公司的报价是 50 万日元。

"横尾，恳请你帮帮忙。"

提出委托的是社会福祉协议会的工作人员，对方满脸认真地恳求着，能看出他迫切希望能早些解决这一问题。可报价再低，这么多垃圾还是要花费大约40万至50万日元。怎么看这对母子都没有能力支付。

"这笔钱收不回来也没关系，就当乐于助人了。既然看到了，我就绝对不会撒手不管，毕竟我从事的是福祉整理。我很能干的，放心交给我吧。"

横尾最终接下了这次委托，价格为10万日元，每个月支付两万日元，分五次支付。但他觉得这笔钱收不回来也没关系。

"小朋友，既然让我碰见了，我就会帮你的。我可是超人啊。"

横尾在心中自言自语着，拼命收拾房间的垃圾。等房间的垃圾全都运走后，少年的表情明显开朗了起来。他的母亲喜极而泣，每个月都会亲自给横尾送两万日元。对少年来说，横尾是当之无愧的超人。

网上申请提供的都是常规价格。即便如此，回忆公司的价格相对其他业者还是压倒性的低。最关键的是，他们还会接手一些几乎相当于是志愿者的工作。横尾决心成为超人，他从开业以来就一直打算这么做，也绝对不会改变初衷。

"我还想奉献社会，以后打算开一个"横尾塾"。最近很多孩子打招呼都没力气打，没有精神气，吃得也不好，甚至吃了上顿没下顿。现在已经看不到那种流着鼻涕的调皮小鬼了。我想在横尾塾多培养一些热情的人。"

横尾一直在考虑多为他人和社会奉献自己的力量，暗暗想着要为孩子们开一家食堂。

再见我的家

结束特殊清扫工作后，横尾将房间封闭起来，在整个墙面上喷洒上除臭剂。周围的湿度立刻增加，空气变得湿漉漉的。接着，他摆放好黄色的臭氧除臭机。

一个小时后，横尾取下臭氧除臭机，打开窗户。房间里臭氧的臭味一时有些刺鼻，通风之后，臭味便完全消失。美香忽然扶上里侧房间灰褐色的沙墙，粗糙的触感让她回忆起怀念的景象。

房间里的榻榻米都已拆下，感觉有些潮湿，让人不禁出汗。不知不觉间，横尾已将由纪子的体液散发出的臭味完全消除。

"感觉完全没有臭味了，应该可以把房子交还给房东了。"横尾对美香说道。

美香注视着由纪子咽气的地方没有说话，又忽然看向阳台窗户的外面。

原本是停车场的地方现在矗立着几栋公寓，美香回忆着30年来不断变迁的景色。横尾毫无催促之意，只是注视着她。美香的丈夫辉明在她身边静静地伫立着。

"小的时候觉得家里非常大，现在却觉得很小。这里塞满了东西，感觉东西多的时候反而显得宽敞。我小时候就看着这片风景长大，当时还没有建那栋棕色的公寓，一直都是停车场，地震前有房子建在那里的。后来周围渐渐建起公寓，小时候就记得视野越来越不好了。"

"妈妈，你一直生活在这里吗？"

阳太看了看房间，抬头对美香轻声说道。

"以前爸爸我也住在这里……"

横尾不禁将到处跑来跑去的阳太与自己的女儿重合起来，不经意说出"爸爸"这样的话，大家一起笑了起来。

"啊，我说错了，大叔我也一直住在两室一厅的小公寓里。"

阳太不失时机地插嘴道：

"大哥哥，你不是我爸爸。"

"不好意思。"

"你本来就不是我爸爸嘛。"

面对执着的阳太，美香苦笑着解围：

"刚才正好给他抓住笑你的机会。现在的孩子已经习惯住在大房子里了。"

"是啊。"

横尾擦着汗，面色有所缓和。阳太溜进腾空的两叠大小的橱柜里，独自玩着捉迷藏。

"猜猜我在哪儿？"

"阳太小笨蛋，你暴露啦，我看到你钻进橱柜了。"美香说道。

她想起自己以前也和妹妹躲进橱柜里，玩哆啦A梦的过家家。父母深夜都在店里工作，夜晚的橱柜就是孩子们最好的游乐园。

美香曾经玩耍的橱柜如今已变得空空荡荡，阳太轻易便藏在里面，偷偷地笑着。橱柜拉门已经破损，染上了棕色，上面还有美香和妹妹以前用圆珠笔画的大大的人脸。

阳太从橱柜里快速钻出来，迅猛地跳起，在由纪子去世的地方跳来跳去。

"别调皮，阳太！"

美香装作一副训斥他的样子，其实没有生气。

"阳太真得重上一遍幼儿园，从小就一直调皮捣蛋，不乱动就会死一样。"

横尾同意地点点头。

"我也是这样的。"

阳太又一次猛地跳起来，从另一边越过来。

美香不再提醒阳太。在由纪子去世的地方，时间静静地流逝，不需要任何语言。

阳台吹来一阵凉爽的风，轻轻地拂过每一个人的脸颊。

这里的确是由纪子去世的地方。惨烈的死亡现场绝非只有一种情感，而情感也会慢慢变淡。

没错，就在这个瞬间，一切都走向终结，又重新开始。阳太的天真可爱就象征着新的开始。我能见证这个时刻，内心不禁放松下来，感到了一丝救赎。

我真心渴望特殊清扫现场能充满笑容与些许希望。是横尾的性格创造出如此充满奇迹的空间，时光如梦似幻，转瞬即逝，正因为短暂，才显得珍贵无比。这个瞬间不会再来，所以意义非凡。

我们能感觉到其中不可思议的磁场，并从心底感谢它。

美香真心庆幸自己委托横尾来工作。

"真的非常感谢。"

美香和辉明深深地低下头。横尾的心中涌上难以言说的喜悦。

横尾拉下厨房里的电闸，锁上房间。等美香与房产公司交接完成后，她与家人在这个房间里度过的时光便全部结束了。再过一段时间，房间里会住进新的住户，开启新的人生。

美香的心情变得舒畅起来。不知不觉间，乌云密布的天空下起了大雨。

由纪子留下的和服与相册都装进了纸箱里，辉明将纸箱塞进汽车后座。阳太也钻进汽车，坐在副驾驶位上。擅长缝纫的美香打算重新利用和服的布料，缝制布包和其他小物件等。由纪子五彩缤纷的和服长年沉睡在堆满垃圾的房屋之中，现在它们将会变成美香身边的物品，继续传承下去。

横尾目送着一家人开车离去，心中对阳太默默地说道：

"生命就是这样维系在一起的。总有一天，你的妈妈也会像外婆一样死去，接下来就是我。你的妈妈也会有很多照片。大家的生命就是这样维系在一起的，我们都在一起。"

横尾正是为了这个无可替代的瞬间，今天又拼尽全力完成一份工作。

终　章

怎样避免孤独死？

　　我正式开始为这本书取材是在 2018 年 7 月中旬，记得那时梅雨季刚过，炎热的夏天即将正式开始。而我写下后记，是半年后 2019 年 1 月一个北风吹拂的晴天。特殊清扫行业有季节性，冬天正是特殊清扫员终于可以喘口气的季节。

　　不是说孤独死不会发生在冬季，只不过冬季尸体腐烂较慢，不容易产生臭味，不易被发现罢了。现在这个瞬间，日本各个地方都有人孤独死去。

　　很快季节又要更迭一轮，绿意萌动的春天即将到来。等 6 月中旬梅雨季结束后，特殊清扫业者又将繁忙起来。

　　我开始为孤独死取材已经有四年多了。我明显感觉到，这四年来孤独死的数量不减反增。同时，特殊清扫业者不断增加，业界呈现出泡沫经济般的盛况。

我最开始关注特殊清扫业界，是因为通过认识的摄影师结识了大岛辉。

大岛辉以他自己的名字建立了一家网站，在网站上公示凶宅的情况。

所谓凶宅，就是指发生过自杀、杀人事件、孤独死等情况、屋里有人去世的房屋。点开"大岛辉"这个网站，就会出现日本的谷歌地图。放大地图后，能看到无数不祥的火焰标记，代表的就是发生过自杀、杀人事件、孤独死等情况的地方。任何人都可以向网站投稿，每个火焰标记下面都有记录房屋详情的信息栏。里面排列着"腐烂的尸体""有心理缺陷""发现家里蹲的尸体"等耸人听闻的词语。其中，"腐烂的尸体"应该就是指孤独死。估计是周围居民在家附近发现腐烂的尸体反应过于激烈，才这么写的吧。

凶宅公示网站如此受欢迎，是因为人们忌讳住进有人孤独死或死于其他情况的凶宅。

毕竟人死后的凶宅还是遭人厌弃，人们不愿居住。

我对凶宅产生了特殊的兴趣，便向出版社提出策划案，在大岛辉的带领下拜访了各式各样的凶宅。江东区的公寓里，尸臭隔着门都能闻到，我至今难以忘怀。在如油脂般的腐臭前，我不禁退了一步。

然而，随着取材的深入，我了解到，众多凶宅之中，孤独死的比例超高。

我探访凶宅的纪实内容都收录在《大岛辉带领我探访凶宅》（日本彩图社出版）这本书中。通过这次取材，我认识了专门处理凶宅的房产公司和特殊清扫业者。与他们谈话之后，我验证了自己的推测。凶宅中发生的绝大多数案件不是自杀或杀人事件，而是孤独死。

我想进一步了解现状，才写书讲述日本社会中孤独死的情况，以及如何避免孤独死发生。这本书就是我于2017年出版的《孤独死大国——濒临孤独死的1000万人的时代真相》（日本双叶社出版）。

我在为这本书取材的时候感觉到，问题不在于死去的那个人，而在于死前发生的事情。孤独死正静静地逐渐侵蚀着日本社会，我想接近孤独死现象的真相。为此，必须聚焦每年三万孤独死死者的人生。

特殊清扫的工作者见证了最后的现场，我希望通过他们的工作接触到每一个人的人生。我的关注点已经从俯瞰每栋凶宅，转移到每一个人的故事中。因为我能感受到清扫员和被清扫的房间里的死者心中，都有挫败感与痛苦。

他们生前都过着怎样的生活呢？孤独死与自我忽视密切相关，要想了解他们生前的生活，就要多次前往他们被垃圾掩埋的家中。

我与第四章中提到的那位八十多岁的女士谈过之后了解到，她在幼年时遭受母亲严重的虐待，最后完全沉浸在购物欲之中。为了获得他人的认可，她不断出入高级店铺购物。信教后她无法进入店里，便四处收集垃圾。

她的行为是为了填补内心无法被满足的空虚感。她有三个孩子，却没有人关心她。为何她会与孩子疏远？其中一定存在问题。我没有深入了解，她也不愿意我询问吧。但她一直待我非常温和，与我一起喝茶，把区政府生活保障科发放的压缩饼干分享给我吃。她心中的空虚感与我心中的空虚感绝非毫无关联。

2019 年，孤独死已成为日本社会无法避免的问题。

2018 年 12 月，我向日本最大的商业新闻网站东洋经济在线投稿了两篇文章：《三四十岁人群终将迎来大量孤独死的未来》和《三四十岁孤独死完全不足为奇》，从房产公司和特殊清扫的角度阐述现在逐渐侵蚀日本的孤独死现状，总点击量突破 450 万。

"大量孤独死"也立刻出现在推特的热门搜索榜单上。孤独死在脸书和推特等社交网络平台上也不断引发讨论。

文章在早晨发布，当天下午推特上围绕文章的讨论就超过一万条，说明年轻一代深切感受到孤独死就在他们身边。

而我的账户不断有人评论，希望我写下避免孤独死的方法。也有评论表达了不安与反对，有人让我不要煽动恐慌情绪，还有人说孤独死有什么不对的。然而，我没有预想到，其中有一大半推文的反应是，这就是未来的自己。孤独死不只存在于老年人之中。

每个人都生活在这个时代，在日本感到孤独，害怕孤独死，希望获得解决方法。

我在取材中感觉到，每个人的人生都有值得自己骄傲之处，每个人也都有每个人的故事。当我们直面自己过往的人生时，绝不可能有一种简单的方法可以获得成效，找到避免孤独死的方法。毕竟人生就是由偶然的运气与无法得偿所愿的事情组成的。

我想，聪明的读者都应该知道，没有方法能够避免孤独死。当命运的齿轮开始疯狂旋转，一切都无能为力的时候，我们究竟能做些什么呢？

所以我才想知晓他们的人生。

话虽如此，现实是如果有人孤独死后几个月都没被发现，会对附近居民造成极大的损害，房屋也会被贴上凶宅的标签，死者家属和管理公司不可避免地需要支付高额的清理费用。既然很难给出上策，我便退而求其次，试着写下几条应对孤独死的方案。

其中有我在《孤独死大国》中提到的内容，也会提到一些新增的信息、服务和政策。

利用人工智能和信息技术监护

人工智能日益发展，运用高科技监护老年人的措施也层出不穷。

护理机构经常使用的动作识别相机就是通过检测特殊的动作发现异常情况。这一技术确实能起到监护的作用，但因为用相机监视存在隐私问题，发展前景有限。

于是，IQ Formation 公司推出了利用电量监护的服务，即"监护电量"。电力公司每隔 30 分钟就能收到用户 1 个小时前使用的电量通知。

通过这个服务，每 30 分钟就能检查电量使用情况，相较预设使用电量有增加或减少时，人工智能会自动识别，通过信息和 LINE[①] 通知指定监护人。每个月费用为 300 日元，无初始费用，而且使用的数据为电量，不存在侵犯隐私的问题。开发者表示，由于价格便宜，服务很受房产公司和管理公司的欢迎。

非营利组织"乐市乐画"的安卓手机软件"你好吗 TEL？！"

----

① 一种在日本普遍使用的即时通信软件，类似于中国的微信。

则通过手机辅助监护，只要在手机上下载软件就能立刻使用，颇受年轻人欢迎。

这个软件会在每天早上六点、中午、下午六点显示确认是否安全的界面，滑动画面或插拔充电线都能确认安全。因为每天都要使用手机充电器，便不会觉得麻烦。价格根据设定的天数不同而变动，最便宜的 100 日元包月的套餐就是面向年轻人的。

非营利组织"ENRICH"则关注青壮年人群的孤独死情况，面向单身人士提供新型 LINE 监护服务。该非营利组织的理事长绀野功 52 岁，单身，他的弟弟是自由职业者，因孤独死而去世。验尸解剖的结果表明，死因是体温过低。他认为要是早一点被人发现，弟弟可能会获救，便开发了可以免费使用的安全确认系统。

只要在 LINE 上添加好友，每两天就可以在设定好的时间收到安全确认的信息。点击确认按钮，安全确认就完成了。如果 24 小时内没有应答，会在 3 小时后再次收到安全确认信息。要是还没有应答，非营利组织的员工会直接给本人的手机打电话。无法确认本人的安全时，非营利组织的员工会直接打电话给最开始登记的家人和朋友等亲近的人。安装 LINE软件后，任何人都可以使用服务。

邮局的面对面监护

在小地方，老年人信任的邮局推出了"监护电话"服务。每天固定时间会有自动语音提示，用户根据自己的身体状况在电话上选择1至3中的任意数字即可。1为身体好，2为和平常差不多，3为身体不好。

邮局会用邮件告知家人结果。无人应答时，一个小时后电话会再次响起。如果还是没有人应答，邮局便用邮件通知家人，流程比较简单。

此外，每个月邮递员（包括外包业者）都会定期去老年人家中拜访一次。通过填写平板电脑中的项目，确认用户的生活环境等情况，用邮件发送结果给市政部门及其家人。

其中包括"最近身体情况怎么样？""最近觉得日常生活有什么不便的地方吗？"等基础项目，还有根据不同情况填写的可选项目。比如"每周打扫和收拾房间大约需要多长时间？""（需要服用药物治疗时）是否准时服用处方药？""平常注意头发和服装的整洁吗？"等等。其实，邮递员上门拜访的形式已经极具开创性了。

看广告就能发现，邮局的监护系统面向的明显是担心老家父母的子女，不知能否扩展到未婚的青壮年群体和处于孤立状态的单身老年人呢?

定期面对面地拜访，才能看出是否有变化。邮局这项服务在应用中可能会产生新的启发。

随着社会少子高龄化的加剧，亲子关系变得淡薄，现在日本也在向无缘社会推进，因此这类服务也不必拘泥于亲子关系，可以拓宽一下视野。哪怕不是亲子关系，只要有人能每个月去家中探访，观察是否有变化，就有可能减少孤独死的数量。

"出租家人"为无缘者提供帮助

其实还有其他方法，比如第三章中出现的远藤英树提供的安排后事服务。

这类服务与邮局拜访服务的不同之处在于，自己是委托人，用户也不一定是家人。实际上，远藤的客户有不少都是强烈不愿给家人添麻烦的老年人和已经与家人疏远的人。

提供帮助的是第三方的民营企业，不是家人，也不是毫不相关的人。

远藤断言，全日本有 60 万"家里蹲"的问题在未来十年将逐渐显现出来。有的孩子与领养老金的父母共同生活，等他们的父母去世后，这些人将立刻处于孤立状态，俗称

"8050"问题①。

远藤现在帮助的客户是一名患有躁郁症的 55 岁女性,她的父母都处于需要护理的状态,本人没有意识到自己需要帮助。远藤需要给委托人提交他的关怀计划。

计划要根据具体情况制订,比如用户身心健康状况如何、是否有患阿尔茨海默病的风险等,还有如何举办葬礼、是否希望通过治疗延长寿命、确认遗嘱内容。通过生前听取对方的需求,结合每个人的情况帮助对方。

如果能知道自己的死期,知道自己怎样迎接死亡,人确实会改变自己生前的为人处世态度。对于那些对生活充满不安的人,远藤每个月都会上门拜访一次,打电话确认对方的安全,为他们的生活提供帮助。他没有家人亲近,又不像无关的人那么疏远,远藤把这种关系称为第 2.5 人称的关系。

如今,亲戚与血缘关系逐渐淡薄,面对是否通过治疗延长寿命等临终时的情况,以及死后的坟墓如何安排的事情,不是由家人,而是由远藤这样的第三方提供支持的业务肯定日渐重要。日本社会的终身未婚率逐渐增加,今后由第三人安排每个人后事的生意可能会普及起来。

---

① 意指 80 岁的父母养着 50 岁的孩子。

政府的措施

政府也没有坐以待毙。

横须贺市在 2017 年导入了新的紧急通知系统。以前的紧急通知系统需要人按下按钮才能启动，有时人在家中倒下不能动弹，便为时已晚。

新系统则是等人体感应器探测到屋中没有动静时，自动向民营信息接收中心发送紧急通知。必要情况下，还会联系消防局，感应器会自动判断人是否处于外出或居家状态，外出时不会错误发出通知。每月价格低至 200 日元。

东京中野区也于 2019 年 1 月下旬面向单身老年人引入了"安心居住套餐"。

政府会定期给住在出租屋的老年人打电话确认安危，去世时补偿丧葬费用和房屋恢复费用。每个月支付 1944 日元，初始费用为 16200 日元。

这个套餐的特征是兼顾了监护与孤独死时的事故处理。一旦有人孤独死，事后难免会产生巨额费用。有时，房东与死者家属可能会围绕这笔巨额费用发生激烈的争执，死者本人应该也不愿意最后落入如此境地。而中野区的措施，就是在有人孤独死后亲属拒绝继承时，由政府支付房屋恢复费用。

试点实属日本首例，目前颇受关注。

类似的政府服务目前大多仅限于老年人，但随着今后孤独死数量的增加，对各个年龄段的服务都是当务之急。

互助地图

也有一些监护措施是利用邻居人脉网进行。

一些地区的社会福祉协议会在町内会①的帮助下制作出"互助地图"。互助地图由住民流福祉综合研究所的木原孝久所长编纂，了解居民的接触与互助情况后，在住宅区地图中画出人脉网，让脱离人脉网的人，也就是处于孤立状态的人可视化。

互助地图的基础理念是：监护我的人是我信任的人。比如民生委员 A 在意 B 的情况，但 B 只信任 C，那么就可以将 B 交给 C 监护。

东日本大地震时许多需要帮助的人都死去了，而制作互助地图，能够找出附近值得注意的人，不仅能防止孤独死，还能在残障人士、老年人、婴幼儿等需要帮助的人遭遇灾害时给予帮助，形成地区帮扶系统。

制作地图的阻碍是隐私问题。不过可以规定，地图制作

---

① 日本的一种基层自治组织。

好之后只能在邻居之间使用，不能流出本地区之外。

制作互助地图不需要特殊的知识，任何人都能做到，感兴趣的读者可以前往住民流福祉综合研究所的主页查看。

第二小学

东京健康长寿医疗中心研究所的调查显示，健康的老年人如果同时处于社会性孤立和"家里蹲"状态，相较不属于其中任一状态的老年人，6年后的死亡率会上升2.2倍。此外，缺乏社交关系的人，患有阿尔茨海默病的风险会增加。

英国近来新设了负责孤独问题的大臣，海外也有数据显示：孤独相当于每天吸25根烟，早逝的风险高出50%，等等。

民间智库日生基础研究所的前田展弘主任研究员提出，日本每年孤独死的人数约有3万人。我去采访他时，他谈起了一个独特的想法——"第二小学"，也就是退休后推行义务制的终身学习。关键在于义务制，来上学的人可以获得当地的商品券，不来上学的人减少养老金，也就是奖惩并施。

退休离开工作岗位以后，进入第二小学学习。身体状况恶化时，在第二小学里积累的人脉便派上用场。

第二小学的制度伴随着强制性，很难立刻实施，但也是一种全新的想法。

孤独死保险

面对持续增加的孤独死数量，保险公司也开始不停地为自己宣传起来。

有位特殊清扫业者表示，至今最高的特殊清扫费用为700万日元。不仅包括特殊清扫的费用，还有房产公司重新装修的费用。发生孤独死的房间不仅是有人去世这么简单，很多人生前都陷入自我忽视状态，房间里堆满垃圾，从而导致价格蹿升。

现在，有人孤独死后，如果包含重新装修的费用，账单数额达到四五百万日元都不足为奇。

情况糟糕时，费用几乎和重新建一栋独栋房屋的价格差不多。假如哪天和自己几乎不来往的七大姑八大姨等亲戚孤独死，身为甥侄，被搞到破产都有可能。一般支付费用的都是留下来的死者家属，家属如果拒绝继承，最终要由房东和管理公司承担。尤其是民用租赁住宅，一旦被贴上凶宅的标签，便不得不下调租金，房东会遭受巨大损失。

于是便出现了几种针对孤独死房屋的小额短期保险，每月支付保险费，保证一定金额来支付房屋恢复费用，弥补事故发生后的空房损失和租金下调损失。

比如，爱少额短期保险公司就打出"守护无缘社会"的广告语。每户每个月支付300日元，就能赔付100万日元遗物处理费用和特殊清扫费用。发生死亡事件时，最高可赔付12个月共200万的租金损失。

孤独死保险正迅速普及开来。不管与邻居的关系如何，购买保险也是应对意外情况的一种方法。

万事咨询

如今，"万事咨询"这个词几乎已经绝迹，但却作为一家民营企业的居民服务名称复活了。东京板桥区价格5分钟100日元起步的家务代理服务业者取的就是这个名字。修剪盆栽、送米……当地居民有什么困难都可以解决，2017年新增"无法整理的房间"业务，也就是受理垃圾屋的清扫工作。他们与其他业者不同，会走进居民的内心，在对方沉浸于自我忽视的人生中与对方一起寻找活着的意义。

"很多无法整理的房间依然有人居住，居民本人会被矛盾的情绪所影响，认为这样下去不行，舍不得扔东西，或者全都舍不得扔。他们其实没那么想整理，而是想全部珍藏起来。"

公司法人古市盛久这样谈起家中堆满垃圾的人的内心想法。

经常有人讨论强制清理垃圾屋的话题，但古市会首先见一下屋主，绝不会随意丢弃物品。

关键在于找到垃圾的共通点，古市说这就相当于绘画肖像。

比如在一个垃圾中埋着枯枝的房间里，古市得知住户以前是插花老师。他便提议道："我们一起整理出一个插花的区域，给助手们一个惊喜好吗？"

"对方有了触手可及的目标，便会排出优先顺序。有了优先顺序，阻碍对方整理出插花区域的东西都会丢弃。决定丢弃物品的人是对方自己，最后才能整理成功。我们的方针就是设定目标，大家一起朝着目标行动。"

古市强调，如果目标只是整理，对方无法感觉到其中的意义和动机。

有位六十多岁的女性，她在 20 世纪 60 年代至 70 年代高速经济成长期担任女装店的店员，她有大量无法舍弃的衣服，连墙壁都被衣服堆成的小山淹没，几乎连门铃都找不到。古市等两名员工每个月来两次，一共用了十个多月才让房间里只留下真正需要的衣服。

环境急剧发生变化会让对方产生压力，他们便采取全部丢弃后再取回三成的方法推进。完全尊重本人的意愿，使双方的节奏达到同步，让对方接受整理全部物品的事实。最后终于跨越难关，在第九个月时，成功将家中的两台冰箱运出了一台。

委托公司整理这位前女装店员房间的是她的亲人。古市公司清理的垃圾屋大多都是由亲生子女等亲人直接委托的。这时，委托人便会这么介绍"万事咨询"："妈妈，这位是万事咨询来听你说事的大哥。"古市便笑笑。不是清理公司，也不是整理公司，而是温和的大哥。

但我总觉得这种说法有些奇怪。的确，古市他们正试图引领全新的潮流，毕竟以前任何人都对垃圾屋的住户避之不及。

谈到垃圾屋，很多人都会投以异样的眼光，可那不过是他们人生的一部分而已，其中一定隐藏着重要的信息。我希望以后会有越来越多像"万事咨询"一样的服务。

孤独死凸显出日本社会正处于急速分裂与孤立的现状，也是沟通减少对身心造成影响带来的后果。"万事咨询"的工作让我明白，最重要的是我们每个人都不能对问题弃之不理。

以上就是现实中存在的避免孤独死的对策。

不过，现在的情况是，内心痛苦的人很难接触到这些人脉和方法。他们在此之前就已经封闭自己，在四处碰壁中耗尽了力气。

所以这些可能避免孤独死的对策或许都要被推翻。我认为，对真正需要孤独死解药的人而言，最终适合每个人的对策都各不相同，从现实角度来看很难推进。

本书中出场的人物或多或少都有一些变化。第一章中一展雄姿的上东丙唆祥为了让大众了解孤独死的现状，开始使用摄像机拍摄视频。他不仅拍摄孤独死现场，也会手持摄像机在原宿和横滨等地采访年轻人有关孤独死的话题。同时积极与"家里蹲"人群交流，建立人脉，探索他们内心深处的痛苦。现在他应该致力于作品的后期编辑，我迫切期望着它的完成。

第二章中的盐田卓也与小元订婚了。有时候也会吵吵架，总之关系还不错。圆乎乎的小狗花子长大了，变得强壮起来。盐田在跨年时也一直忙于工作，还为夏季的孤独死处理工作购买了卡车。

第三章中的山下美由纪从父亲的孤独死中获取教训，现在也继续帮助处于孤立状态的老年人和年轻人，无偿提供咨询业务。父亲的孤独死彻底改变了她的人生，可也成就了她的终生事业。

遗憾的是，第四章中出现的阿姐目前还不知所踪。全家人已经做好了最坏的心理准备，但从未舍弃一丝希望。

第五章中的横尾将臣为了复兴地方社区，避免发生孤独死，在日本全国各地飞来飞去，四处演讲，为此不断奋斗着。

我们正处于一个即将吞噬日本的隐形旋涡之中。即便被卷入旋涡苦苦挣扎，还有他们这些绝不放弃抗争的人，我从中感受到了希望。

最后，我想记录下这本书诞生的特殊经过。

我在为《孤独死大国》取材时，去过千叶县一位六十多岁女性的孤独死现场。当时是夏天，她死后已经过了一个月。在我经历过的现场中，其惨烈程度足以排前三位。

调查遗物时，我发现了许多著名的少女漫画，包括《波族传奇》《王家的纹章》等。和她的儿子谈过后，我觉得她应该也心怀痛苦，人生中有不少挫折。我发现自己与她有不少共通点，便无法像他人一样看待她。

房间的冰箱上贴着一张《每日新闻》有关撒骨灰的报道。她在空白处写下了自己的愿望：如果发生意外，希望能把我的骨灰撒在好友长眠的海中。既不是与她分居的丈夫的墓里，也不是父母家的墓里，而是她最珍惜的好友长眠的海中，我被她真挚的愿望打动了。她的儿子最后为母亲实现了这个愿望。

我一时冲动联系了这篇报道的执笔人泷野隆浩编辑委员。与他的谈话中，我表示自己想去特殊清扫现场采访，以此为题材出版一本书，他便向我介绍了每日新闻出版社。

如果那天、那个时候我没有碰巧前往特殊清扫现场，也不会得知已经去世的她，这本书就不会诞生。

我感觉这是逝者为我牵起的特殊缘分。在为本书取材和执笔的过程中，我经历过好几次巧合。与这些看不见的人的缘分正是我珍贵的精神食粮。

我深深感谢那位生前我无缘见到的可亲女性，以及所有特殊清扫员。

2019 年 1 月

菅野久美子

图书在版编目（CIP）数据

孤独社会 ／（日）菅野久美子著；蓝春蕾译 . — 北京 ： 北京时代华文书局，
2021.2

书名原文：超孤独死社会 特殊清掃の現場をたどる

ISBN 978-7-5699-4090-9

Ⅰ . ①孤… Ⅱ . ①菅… ②蓝… Ⅲ . ①社会问题－研究－日本 Ⅳ . ① D731.38

中国版本图书馆 CIP 数据核字（2021）第 034080 号

北京市版权著作权合同登记号　　图字：01-2020-1932

菅野久美子
超孤独死社会　特殊清掃の現場をたどる

孤独社会
GUDU SHEHUI

著　　者 ｜［日］菅野久美子
译　　者 ｜蓝春蕾

出 版 人 ｜陈　涛
策划编辑 ｜韩　笑　黄思远
责任编辑 ｜黄思远
责任校对 ｜陈冬梅
封面设计 ｜Mᵒᵒ Design
营销编辑 ｜梁　希　郭啸宇
责任印制 ｜刘　银　訾　敬

出版发行 ｜北京时代华文书局 http://www.bjsdsj.com.cn
　　　　　北京市东城区安定门外大街 138 号皇城国际大厦 A 座 8 楼
　　　　　邮编：100011　电话：010 - 64267955　64267677

印　　刷 ｜三河市兴博印务有限公司　电话：0316 - 5166530
　　　　　（如发现印装质量问题，请与印刷厂联系调换）

开　　本 ｜880mm×1230mm 1/32　　印　张 ｜7　字　数 ｜132 千字
版　　次 ｜2021 年 10 月第 1 版　　　印　次 ｜2021 年 10 月第 1 次印刷
书　　号 ｜ISBN 978-7-5699-4090-9
定　　价 ｜49.00 元